Houghton
Mifflin
Harcourt

Fusión

fusión unión de dos cosas que
libera energía

D1450706

Este libro del estudiante interactivo

Maestro/Salón

...urchwell Halliman
...s Elementary School
...ton, Texas

...len Lyon
Hays Consolidated ISD
Kyle, Texas

Stephanie McNeil
Bastian Elementary
Houston, Texas

Sue Mendoza
District Science Coach
El Paso ISD
El Paso, Texas

Christine L. Morgan
Emerson Elementary
Midland, Texas

Genaro Ovalle III
Elementary Science Dean
Laredo ISD
Laredo, Texas

Hilda Quintanar
Science Coach
El Paso ISD
El Paso, Texas

¡Energízate con el programa de Fusión para Texas!

Grado 1

Este programa fusiona...

Aprendizaje electrónico y laboratorios virtuales

Actividades diversas y de laboratorio

Libro del estudiante para escribir

. . . y genera nueva energía para el científico de hoy: ¡TÚ!

Libro del estudiante para escribir

¡Las actividades STEM del programa!

¡Haz de este libro tu amigo, como todo buen lector!

Es tu movin...

Los objetos se mueven de varias maneras. Pueden moverse en línea recta, en zigzag, hacia adelante y hacia atrás, o en círculos.

► Traza una raya sobre las líneas punteadas de abajo para mostrar cómo se mueven los objetos.

Escribe tus ideas, responde las preguntas, toma apuntes y anota los resultados de cada actividad en estas páginas.

en línea recta

en zigzag

hacia adelante
hacia atrás

Aprende conceptos y destrezas de ciencias interactuando con cada página.

Aprendizaje electrónico y laboratorios virtuales

Las lecciones digitales y los laboratorios virtuales proporcionan opciones de aprendizaje en línea en cada lección de *Fusión*.

Por tu cuenta o con tu grupo, explora los conceptos de ciencias en un mundo digital.

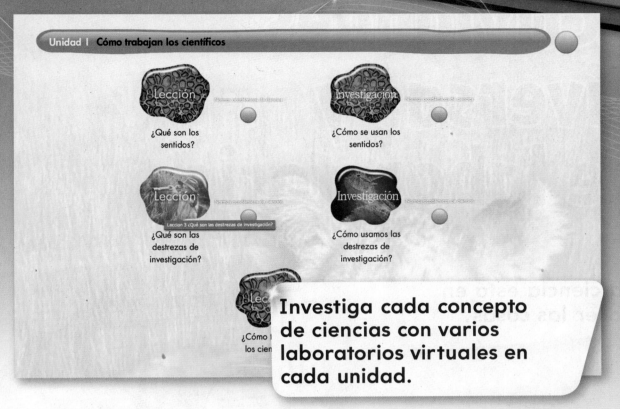

Lección
¿Qué son los sentidos?

Investigación
¿Cómo se usan los sentidos?

Lección
Lección 3 ¿Qué son las destrezas de investigación?
¿Qué son las destrezas de investigación?

Investigación
¿Cómo usamos las destrezas de investigación?

Lección
¿Cómo t...
los cien...

Investiga cada concepto de ciencias con varios laboratorios virtuales en cada unidad.

Continúa tus exploraciones científicas con estas herramientas en línea

→ Diccionario de ciencias → Personajes en las ciencias

→ NSTA Scilinks → Galería de imágenes

→ Proyectos basados en videos → Tarjetas de vocabulario

→ **Libros de lectura para Texas con ¡AUDIO Completo!**

¿Qué sabemos sobre la materia?

¿Qué sabemos sobre la materia?

La fabricación de crayones

Actividades diversas y de laboratorio

La ciencia está en
hacer las cosas.

¿En qué se diferencian las
plantas del mismo tipo?

Materiales
manojo de zanahorias

① Observa las
zanahorias para ver
en qué se diferencian.
Advertencia: No te
comas las zanahorias.

② Dibuja y
escribe tus
observaciones.

③ Compara tus
dibujos. ¿Qué
diferencias puede
haber entre las
zanahorias?

Actividades emocionantes
en cada lección.

Haz preguntas y pon a
prueba tus ideas.

Saca tus conclusiones y
cuenta lo que aprendiste.

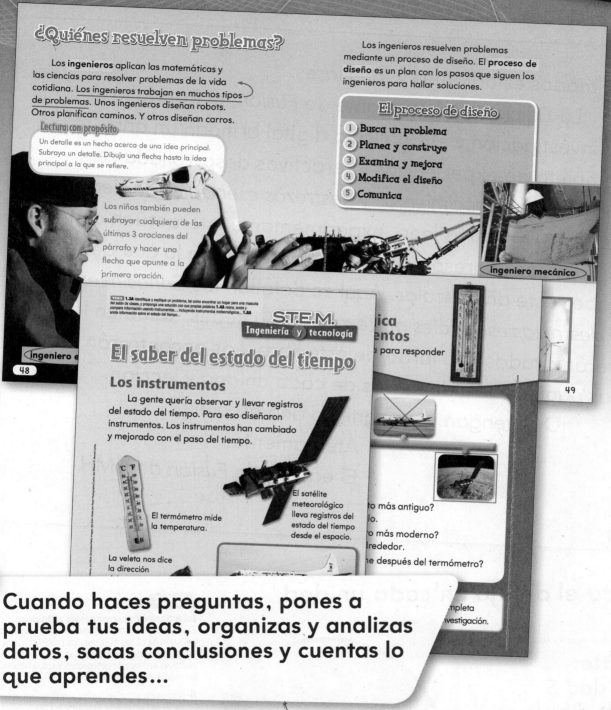

¿Quiénes resuelven problemas?

Los **ingenieros** aplican las matemáticas y las ciencias para resolver problemas de la vida cotidiana. Los ingenieros trabajan en muchos tipos de problemas. Unos ingenieros diseñan robots. Otros planifican caminos. Y otros diseñan carros.

Lectura con propósito

Un detalle es un hecho acerca de una idea principal. Subraya un detalle. Dibuja una flecha hasta la idea principal a la que se refiere.

Los niños también pueden subrayar cualquiera de las últimas 3 oraciones del párrafo y hacer una flecha que apunte a la primera oración.

ingeniero e

48

Los ingenieros resuelven problemas mediante un proceso de diseño. El **proceso de diseño** es un plan con los pasos que siguen los ingenieros para hallar soluciones.

El proceso de diseño

1. Busca un problema
2. Planea y construye
3. Examina y mejora
4. Modifica el diseño
5. Comunica

ingeniero mecánico

49

TEKS **1.3A** identifique y explique un problema, tal como encontrar un hogar para una mascota del salón de clases, y proponga una solución con sus propias palabras **1.4A** reúna, anote y compare información usando instrumentos... incluyendo instrumentos meteorológicos... **1.8A** anote información sobre el estado del tiempo

S.T.E.M.
Ingeniería y tecnología

El saber del estado del tiempo

Los instrumentos

La gente quería observar y llevar registros del estado del tiempo. Para eso diseñaron instrumentos. Los instrumentos han cambiado y mejorado con el paso del tiempo.

El termómetro mide la temperatura.

La veleta nos dice la dirección

El satélite meteorológico lleva registros del estado del tiempo desde el espacio.

ica
ntos
para responder

o más antiguo?
lo.
o más moderno?
rededor.
e después del termómetro?

pleta
vestigación.

Cuando haces preguntas, pones a prueba tus ideas, organizas y analizas datos, sacas conclusiones y cuentas lo que aprendes...

¡Tú eres el científico!

Estimados estudiantes y familiares:

La Edición del estudiante de *Fusión*, el Rotafolio de investigación y el Currículo digital brindan un año completo de experiencias interactivas desarrolladas en torno a los *Conocimientos y destrezas esenciales de ciencias de Texas*. Mientras leen, experimentan e interactúan con contenidos impresos y digitales, aprenderán lo que deben saber este año escolar. Aquí se detallan los *Conocimientos y destrezas esenciales de Texas* para ustedes. También los verán citados a lo largo de este libro. Los encontrarán en las páginas introductorias de cada unidad y lección.

¡Qué tengan un magnífico año escolar!

Atentamente,
El equipo de *Fusión* de HMH

Busca el dibujo en cada unidad.

Fíjate:
Unidad 5
Este dibujo se encuentra en la página ____.

TEKS 1.1

Investigación y razonamiento científicos.
El estudiante realiza investigaciones dentro y fuera del salón de clases siguiendo los procedimientos de seguridad del hogar y de la escuela, y usa prácticas ambientales adecuadas y responsables. Se espera que el estudiante:

A reconozca y demuestre las prácticas de seguridad que se describen en los Estándares de Seguridad de Texas durante las investigaciones en el salón de clases y al aire libre, incluyendo el uso de lentes de seguridad, lavado de manos y el uso apropiado de los materiales;

B reconozca la importancia de las prácticas de seguridad para protegerse y mantenerse sano a sí mismo y a los demás; e

C identifique y aprenda cómo usar los recursos naturales y materiales, incluyendo la conservación y la reutilización o reciclaje de papel, plástico y metal.

Clave de respuestas: página 182

Fíjate:

Unidad 1

Este dibujo se encuentra en la página ____.

Fíjate:

Unidad 2

Este dibujo·se encuentra en la página ____.

Fíjate:

Unidad 6

Este dibujo se encuentra en la página ____.

TEKS 1.2

Investigación y razonamiento científicos.
El estudiante desarrolla habilidades para formular preguntas y buscar respuestas en las investigaciones dentro del salón de clases y al aire libre. Se espera que el estudiante:

A haga preguntas acerca de organismos, objetos y eventos observados en la naturaleza;

B planifique y lleve a cabo investigaciones descriptivas simples, tales como la manera en que los objetos se mueven;

C reúna información y haga observaciones con equipos simples, tales como lupas, balanzas e instrumentos de medición no usuales;

D anote y organice la información usando dibujos, números y palabras; y

E comunique observaciones y provea las razones de sus explicaciones usando datos reunidos por estudiantes durante investigaciones descriptivas simples.

TEKS 1.3

Investigación y razonamiento científicos.
El estudiante entiende que la información y el razonamiento crítico se usan en la resolución científica de problemas. Se espera que el estudiante:

A identifique y explique un problema, tal como encontrar un hogar para una mascota del salón de clases, y proponga una solución con sus propias palabras;

B haga predicciones basadas en patrones observables; y

C describa qué hacen los científicos.

TEKS 1.4

Investigación y razonamiento científicos.
El estudiante usa instrumentos y modelos apropiados para su edad para investigar la naturaleza. Se espera que el estudiante:

A reúna, anote y compare información usando instrumentos, incluyendo computadoras, lupas, balanzas, tazas, recipientes, imanes, redes, cuadernos y lentes de seguridad; medidores de tiempo, incluyendo relojes y cronómetros; instrumentos de medición no usuales, como clips y pinzas de ropa; instrumentos meteorológicos, tales como termómetros y mangas de viento; y materiales que apoyen las observaciones del hábitat de los organismos, tales como terrarios y acuarios; y

B mida y compare los organismos y los objetos usando unidades no usuales.

Fíjate:
Unidad 3
Este dibujo se encuentra en la página _____.

Fíjate:
Unidad 4
Este dibujo se encuentra en la página _____.

Fíjate:
Unidad 5
Este dibujo se encuentra en la página _____.

TEKS 1.5

Materia y energía. El estudiante entiende que los objetos tienen propiedades y patrones. Se espera que el estudiante:

A clasifique los objetos de acuerdo con las propiedades de los materiales con que están hechos, tales como más grande y más pequeño, más pesado y más liviano, forma, color y textura; y

B pronostique e identifique cambios en los materiales causados por el calentamiento o enfriamiento, tales como el derretimiento del hielo, el congelamiento del agua y la evaporación del agua.

TEKS 1.6

Fuerza, movimiento y energía. El estudiante entiende que la energía, la fuerza y el movimiento están relacionados y son parte de su vida diaria. Se espera que el estudiante:

A identifique y discuta cómo las diferentes formas de energía, tales como la energía luminosa, térmica y del sonido, son importantes en la vida diaria;

B pronostique y describa cómo se puede usar un imán para repeler o atraer un objeto;

C describa el cambio en la ubicación de un objeto, como cercano a, más cerca de y más lejos de; y

D demuestre y anote las maneras en que los objetos se pueden mover, tales como en línea recta, en zigzag, hacia arriba y hacia abajo, hacia atrás y hacia adelante, en círculo, rápida y lentamente.

TEKS 1.7

La Tierra y el espacio. El estudiante entiende que la naturaleza incluye rocas, suelo y agua que se pueden observar en ciclos, patrones y sistemas. Se espera que el estudiante:

A observe, compare, describa y clasifique los componentes del suelo por tamaño, textura y color;

B identifique y describa una variedad de fuentes naturales de agua, incluyendo arroyos, lagos y océanos; y

C reúna evidencia de cómo las rocas, el suelo y el agua ayudan en la fabricación de productos útiles.

Clave de respuestas: página 111, página 163, página 204

Fíjate:
Unidad 7
Este dibujo se encuentra en la página _____.

Fíjate:
Unidad 8
Este dibujo se encuentra en la página _____.

Fíjate:
Unidad 9
Este dibujo se encuentra en la página _____.

TEKS 1.8

La Tierra y el espacio. El estudiante entiende que la naturaleza incluye el aire que nos rodea y los objetos en el cielo. Se espera que el estudiante:

A anote información sobre el estado del tiempo, incluyendo la temperatura relativa, como el calor o el frío, despejado o nublado, calmado o con viento y lluvioso o helado;

B observe y anote los cambios en la apariencia de objetos que observa en el cielo, tales como las nubes, la Luna y las estrellas, incluyendo al Sol;

C identifique las características de las estaciones del año, y del día y la noche; y

D demuestre que el aire nos rodea y observe que el viento es aire en movimiento.

TEKS 1.9

Organismos y el medio ambiente. El estudiante entiende que el medio ambiente está formado por las relaciones entre los organismos y los ciclos de vida que ocurren. Se espera que el estudiante:

A ordene y clasifique los seres vivos y los objetos inertes basándose principalmente en si tienen o no necesidades básicas y si pueden tener descendencia;

B analice y anote los ejemplos de interdependencia encontrados en diferentes situaciones, tales como terrarios y acuarios o entre una mascota y su dueño; y

C reúna evidencia de la interdependencia entre los organismos vivos, tales como la transferencia de energía a través de cadenas alimenticias y el uso que hacen los animales de las plantas para obtener refugio.

TEKS 1.10

Organismos y el medio ambiente. El estudiante entiende que los organismos se parecen a sus padres y tienen estructuras y procesos que les ayudan a sobrevivir dentro de su medio ambiente. Se espera que el estudiante:

A investigue cómo las características externas de un animal están relacionadas con el lugar donde vive, cómo se mueve y qué come;

B identifique y compare las partes de las plantas;

C compare las maneras en que los animales jóvenes se parecen a sus padres; y

D observe y anote los ciclos de vida de los animales, tales como los de la rana, la gallina y el pez.

Clave de respuestas: página 279, página 324, página 365

Contenido

compruebra tu progreso

Niveles de investigación ■ Dirigida ■ Guiada ■ Independiente

Seguridad en las ciencias. xxiii
Rotafolio de Investigación págs. 1 y 2 La seguridad en las ciencias

LA NATURALEZA DE LAS CIENCIAS Y S.T.E.M.
Unidad 1: Cómo trabajan los científicos. 1

Lección 1 ¿Qué son los sentidos?. 3
Rotafolio de Investigación pág. 3 Los sentidos en caja de zapatos/Todo lo que me rodea

Investigación: Lección 2 ¿Cómo se usan los sentidos?. 11
Rotafolio de Investigación pág. 4 ¿Cómo se usan los sentidos?

Lección 3 ¿Qué son las destrezas de investigación?. 13
Rotafolio de Investigación pág. 5 Mídelo/Modelos de animales

**Investigación: Lección 4 ¿Cómo usamos las destrezas de
investigación?**. 23
Rotafolio de Investigación pág. 6 ¿Cómo usamos las destrezas de investigación?

Lección 5 ¿Qué son los instrumentos científicos?. 25
Rotafolio de Investigación pág. 7 Hora de medir/Malabarismo
Rotafolio de Investigación págs. 8 y 9 Actividades con instrumentos científicos

Lección 6 ¿Cómo trabajan los científicos?. 35
Rotafolio de Investigación pág. 10 Contener el agua/Mis huellas digitales

Personajes en las ciencias: Mary Anderson. 45

Repaso de la Unidad 1. 47

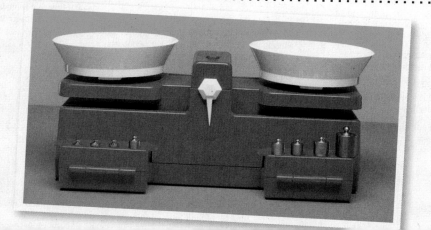

Unidad 2: La tecnología que nos rodea 51

Lección 1 ¿Cómo trabajan los ingenieros? 53
Rotafolio de investigación pág. 11 Que no se rompa/Hazlo volar

Investigación: Lección 2 ¿Cómo podemos resolver un problema? . 65
Rotafolio de investigación pág. 12 ¿Cómo podemos resolver un problema?

Lección 3 ¿De qué materiales están hechos los objetos? 67
Rotafolio de investigación pág. 13 Construyelo/Misión material

Investigación: Lección 4 ¿Cómo se pueden agrupar
los materiales? 79
Rotafolio de investigación pág. 14 ¿Cómo se pueden agrupar los materiales?

Personajes en las ciencias: Dr. Eugene Tsui 81

Repaso de la Unidad 2 83

CIENCIAS FÍSICAS

Unidad 3: La materia 87

Lección 1 ¿Qué observamos en los objetos? 89
Rotafolio de investigación pág. 15 ¡Clasifícalo!/¿Cuánto pesa?

Profesiones en las ciencias: Científico de polímeros 101

Investigación: Lección 2 ¿Cómo se mide la temperatura? 103
Rotafolio de investigación pág. 16 ¿Cómo se mide la temperatura?

Lección 3 ¿Cómo cambia la materia con el calor y el frío? 105
Rotafolio de investigación pág. 17 De agua a gas/Cambios del agua

S.T.E.M. Ingeniería y tecnología: ¡Tecnología en la cocina! 115
Rotafolio de investigación pág. 18 Piensa en el proceso: Escribe una receta

Repaso de la Unidad 3 117

Unidad 4: Las fuerzas y la energía............ 121

Lección 1 ¿Cómo usamos la energía?..................... 123
Rotafolio de Investigación pág. 19 Hacer tostadas/Mi encuesta sobre la energía

Lección 2 ¿Cómo los imanes mueven los objetos?.......... 135
Rotafolio de Investigación pág. 20 Repeler y atraer/¿Qué imán ganará?

Lección 3 ¿Cómo se mueven los objetos? 145
Rotafolio de Investigación pág. 21 Carrera de canicas/Prueba de juguetes

Personajes en las ciencias: Isaac Newton 153

Investigación: Lección 4 ¿Cómo movemos una pelota?.......... 155
Rotafolio de Investigación pág. 22 ¿Cómo movemos una pelota?

Lección 5 ¿Cómo cambiamos la manera en que
se mueven los objetos? 157
Rotafolio de Investigación pág. 23 Cambiar el movimiento/Cambiar la ubicación

S.T.E.M. Ingeniería y tecnología: Volar al cielo 169
Rotafolio de Investigación pág. 24 Constrúyelo: Aviones de papel

Repaso de la Unidad 4 171

CIENCIAS DE LA TIERRA

Unidad 5: Los recursos de la Tierra 175

Lección 1 ¿Qué encontramos en la Tierra? 177
Rotafolio de Investigación pág. 25 Sólo agrega agua/
Los recursos a nuestro alrededor

Personajes en las ciencias: Dr. George Washington Carver 187

Lección 2 ¿Qué es el suelo? 189
Rotafolio de Investigación pág. 26 Equipo de limpieza/¿Cuánta agua?

Investigación: Lección 3 ¿Qué encontramos en el suelo? 199
Rotafolio de Investigación pág. 27 ¿Qué encontramos en el suelo?

Investigación: Lección 4 ¿En qué se diferencian los suelos? 201
Rotafolio de Investigación pág. 28 ¿En qué se diferencian los suelos?

Lección 5 ¿Dónde se encuentra el agua? 203
Rotafolio de Investigación pág. 29 ¿Me pasas la sal?/Controlar el agua

S.T.E.M. Ingeniería y tecnología: La tecnología y el medio ambiente. 215
Rotafolio de Investigación pág. 30 Diséñalo: Un filtro de agua

Lección 6 ¿Cómo podemos ahorrar los recursos? 217
Rotafolio de Investigación pág. 31 Hay basura en el césped/
¡Preparado, listo, recicla!

Repaso de la Unidad 5 229

Unidad 6: El estado del tiempo y las estaciones del año 233

Lección 1 ¿Qué es el estado del tiempo? 235
Rotafolio de Investigación pág. 32 ¿Frío o calor?/Taller de mangas de viento

Investigación: Lección 2 ¿Qué observamos acerca del estado del tiempo? 247
Rotafolio de Investigación pág. 33 ¿Qué observamos acerca del estado del tiempo?

Personajes en las ciencias: June Bacon-Bercey 251

Lección 3 ¿Qué son las estaciones del año? 253
Rotafolio de Investigación pág. 34 Cómo se mantiene el calor/Voltea una hoja nueva

S.T.E.M. Ingeniería y tecnología: El saber del estado del tiempo 265
Rotafolio de Investigación pág. 35 Constrúyelo: Pluviómetro

Repaso de la Unidad 6 267

Unidad 7: Objetos en el cielo 271

Lección 1 ¿Qué vemos en el cielo? 273
Rotafolio de Investigación pág. 36 Alto en el cielo/Diversión de estrellas

Personajes en las ciencias: Galileo Galilei 283

Lección 2 ¿Por qué parece cambiar el cielo? 285
Rotafolio de Investigación pág. 37 Tiempo de nubes/Calendario de Luna y estrellas

Investigación: Lección 3 ¿Por qué parece que el Sol se mueve?... 295
Rotafolio de Investigación pág. 38 ¿Por qué parece que el Sol se mueve?

S.T.E.M. Ingeniería y tecnología: Mira la luz 297
Rotafolio de Investigación pág. 39 Diséñalo: Luces para un estadio

Repaso de la Unidad 7 299

CIENCIAS BIOLÓGICAS

Unidad 8: Los seres vivos y sus medio ambientes 303

Lección 1 ¿Qué son los seres vivos y los objetos inertes? 305
Rotafolio de Investigación pág. 40 ¡Está vivo!/Búsqueda en el vecindario

Lección 2 ¿Dónde viven las plantas y los animales? 315
Rotafolio de Investigación pág. 41 Construir un acuario/Trabajar juntos

Profesiones en las ciencias: Guardabosque 329

Investigación: Lección 3 ¿Qué es un terrario? 331
Rotafolio de Investigación pág. 42 ¿Qué es un terrario?

S.T.E.M. Ingeniería y tecnología: Un lugar para los animales 333
Rotafolio de Investigación pág. 43 Diséñalo: Un jardín de mariposas

Repaso de la Unidad 8 335

Unidad 9: Los animales 339

Lección 1 ¿En qué se diferencian los animales? 341
Rotafolio de Investigación pág. 44 Los animales se adaptan/
Un safari por las ilustraciones

Investigación: Lección 2 ¿Cómo se pueden agrupar los animales? 353
Rotafolio de Investigación pág. 45 ¿Cómo se pueden agrupar los animales?

S.T.E.M. Ingeniería y tecnología: En la granja 357
Rotafolio de Investigación pág. 46 Diséñalo: Proteger la lechuga

Lección 3 ¿Cuál es el ciclo de vida de algunos animales? 359
Rotafolio de Investigación pág. 47 ¿Dónde está la oruga?/¿Cómo es mi ciclo de vida?

Profesiones en las ciencias: Guardián de zoológico 371

Repaso de la Unidad 9 373

Unidad 10: Las plantas...........377

Lección 1 ¿Cuáles son las partes de las plantas?...........379
Rotafolio de investigación pág. 48 ¿Son parecidas todas las semillas?/
¿Qué partes ves?

Personajes en las ciencias: Dra. Norma Alcantar...........389

Lección 2 ¿En qué se diferencian las plantas?...........391
Rotafolio de investigación pág. 49 Colección de hojas calcadas/Flores fantásticas

Investigación: Lección 3 ¿Cómo comparamos las hojas?...........401
Rotafolio de investigación pág. 50 ¿Cómo comparamos las hojas?

S.T.E.M. Ingeniería y tecnología: Hay que calentarlo...........403
Rotafolio de investigación pág. 51 Diséñalo: Un invernadero

Repaso de la Unidad 10...........405

Glosario interactivo...........R1

Índice...........R21

Seguridad en las ciencias

Adentro Hacer ciencia es divertido. Pero un laboratorio científico puede ser peligroso. Conoce las reglas de seguridad y escucha a tu maestro.

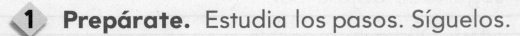

Sigue estas reglas de seguridad científica dentro del laboratorio.

1 Prepárate. Estudia los pasos. Síguelos.

2 Sé pulcro. Limpia lo que se riegue inmediatamente. Mantén los cabellos y las ropas alejados.

3 ¡Ay! Dile a tu maestro si se te derrama o rompe algo o te haces daño.

4 Protégete los ojos. Ponte gafas protectoras cuando el maestro te lo pida.

5 ¡Ayayai! No toques objetos afilados.

6 ¡Puaj! No comas ni bebas nada.

7 No te lleves un susto. No toques los tomacorrientes.

8 Mantén todo limpio. Limpia cuando termines. Lávate las manos.

Afuera Muchísima ciencia ocurre al aire libre. ¡Explorar el mundo natural del patio de tu casa es divertido! Pero debes tener cuidado.

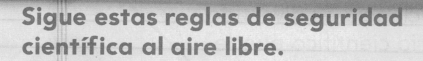

Sigue estas reglas de seguridad científica al aire libre.

1 Prepárate. Estudia los pasos. Síguelos.

2 Ponte ropa adecuada. Ponte ropas y zapatos adecuados para andar al aire libre.

3 Protégete la piel. Sigue las reglas de seguridad bajo el sol.

4 ¡Ay! Dile a tu maestro si se te rompe algo o te haces daño.

5 Protégete los ojos. Dile a tu maestro de inmediato si te cae algo en los ojos. Ponte gafas protectoras cuando el maestro lo pida.

6 ¡Puaj! Nunca gustes nada al aire libre.

7 No te separes. No te salgas del camino.

8 No juegues bruscamente. No juguetees ni hagas bromas.

9 Camina siempre. ¡No corras!

10 Recoge. Tira los desperdicios a la basura como te lo indique el maestro.

11 Límpiate. Lávate las manos con jabón y agua cuando termines.

UNIDAD 1
Cómo trabajan los científicos

acuario de Texas

La gran idea

Los científicos utilizan las destrezas e instrumentos de investigación para obtener información.

TEKS 1.2A, 1.2B, 1.2C, 1.2D, 1.2E, 1.3C, 1.4A, 1.4B

Me pregunto por qué
Los científicos estudian los animales del océano. ¿Por qué?
Da vuelta a la página para descubrirlo.

Por esta razón Los científicos estudian los animales del océano para aprender cómo viven.

En esta unidad vas a aprender más sobre La gran idea, y a desarrollar las preguntas esenciales y las actividades del Rotafolio de investigación.

Niveles de investigación ■ Dirigida ■ Guiada ■ Independiente

Compruceba tu progreso

La gran idea Los científicos utilizan destrezas e instrumentos de investigación para obtener información.
Preguntas esenciales

Lección 1 ¿Qué son los sentidos? 3
Rotafolio de investigación pág. 3 Los sentidos en caja de zapatos/Todo lo que me rodea

**Investigación de la Lección 2
¿Cómo se usan los sentidos?** 11
Rotafolio de investigación pág. 4 ¿Cómo se usan los sentidos?

Lección 3 ¿Qué son las destrezas de investigación? 13
Rotafolio de investigación pág. 5 Mídelo/Modelos de animales

Investigación de la Lección 4 ¿Cómo usamos las destrezas de investigación? .. 23
Rotafolio de investigación pág. 6 ¿Cómo usamos las destrezas de investigación?

Lección 5 ¿Qué son los instrumentos científicos? 25
Rotafolio de investigación pág. 7 Hora de medir/Malabarismo
págs. 8 y 9 Actividades con instrumentos científicos

Lección 6 ¿Cómo trabajan los científicos? 35
Rotafolio de investigación pág. 10 Contener el agua/Mis huellas digitales

🛈 **Personajes en las ciencias: Mary Anderson** 45

Repaso de la Unidad 1 47

¡Ya entiendo La gran idea!

Cuaderno de ciencias

No olvides escribir lo que piensas sobre la Pregunta esencial antes de estudiar cada lección.

Pregunta esencial

¿Qué son los sentidos?

🧠 Ponte a pensar

Halla la respuesta a la pregunta en la lección.

¿Cuál de los sentidos está este niño intentando <u>no</u> usar?

el sentido del

_____

Lectura con propósito

Vocabulario de la lección

1. Ojea la lección.

2. Escribe aquí el término de vocabulario.

_____

Tus sentidos

¿Cómo aprendes sobre las cosas? Utilizas los sentidos. Tus **sentidos** son la vía para que aprendas del mundo. Los sentidos son la vista, el oído, el olfato, el gusto y el tacto. Hay una parte del cuerpo para cada sentido.

Lectura con propósito

La idea principal es la idea más importante sobre algo. Subraya dos veces la idea principal.

Oyes con los oídos.

Cómo aprender con los sentidos

¿De qué manera se aprende con los sentidos? Mira las ilustraciones. ¿Qué te dirán los sentidos sobre cada cosa?

Oír
Escuchas para saber el sonido de las cosas.

Tocar
Tocas para saber la textura de las cosas: lo que sientes al tocarlas.

▶ **Lee las leyendas. Subraya la manera en que aprendes la textura de las cosas.**

Ver

Con la vista observas el color, la forma y el tamaño.

Oler

Con el olfato sabes cómo huelen las cosas.

Gustar

Con el gusto sabes si los alimentos son dulces, agrios o salados.

▶ **Lee las leyendas. Con la vista se observan tres cosas. Encierra las palabras en un círculo.**

1 Elígelo

Encierra en un círculo los nombres de las partes del cuerpo. Subraya los nombres de los sentidos.

nariz	tacto	olfato
gusto	ojos	boca

2 Emparéjalo

Mira cada cosa. ¿Con cuál de los sentidos se aprende sobre ellas? Traza líneas para emparejarlas.

Tocas para sentir lo peludo que es algo.

Ves para leer.

Hueles la comida que se hornea.

Nombre _____

Juego de palabras

Hay una parte del cuerpo para cada sentido.
Rotula cada parte del cuerpo con su sentido.

| oído | vista | olfato | gusto | tacto |

Traza una línea hasta la palabra que describe cada sentido.

oír   duro

tocar   ruidoso

ver   rojo

oler   salado

gustar   fresco

Para la casa

Miembros de la familia: Pida a su niño que le explique cómo usamos los sentidos para aprender sobre el mundo. Jueguen a nombrar los sentidos que se usan en diferentes situaciones.

TEKS **1.2A** haga preguntas acerca de organismos, objetos y eventos observados en la naturaleza **1.2B** planifique y lleve a cabo investigaciones descriptivas simples, tales como la manera en que los objetos se mueven **1.2D** anote y organice la información usando dibujos, números y palabras

Nombre _____

Pregunta esencial

¿Cómo se usan los sentidos?

Establece un propósito
Di lo que quieres descubrir.

_____

_____

Piensa en el procedimiento

❶ ¿Qué observarás?

_____

_____

❷ ¿Cómo descubrirás el sonido que se produce al quebrar el apio?

_____

© Houghton Mifflin Harcourt Publishing Company

Anota tus datos

Anota lo que observas en esta tabla.

Sentido	Observación
vista	
tacto	
olfato	
oído	
gusto	

Saca tus conclusiones

¿Qué descubriste sobre el apio? ¿Cómo lo sabes?

_____

_____

Haz más preguntas

¿Qué otras preguntas podrías hacerte sobre el apio y
tus sentidos?

_____

_____

TEKS 1.2D anote y organice la información usando dibujos, números y palabras
1.2E comunique observaciones y provea las razones de sus explicaciones usando datos reunidos por estudiantes durante investigaciones descriptivas simples

Lección 3

Pregunta esencial

¿Qué son las destrezas de investigación?

Ponte a pensar

Halla la respuesta a la pregunta en la lección.

¿Qué puedes inferir que está haciendo el niño?

El niño está

_____ .

Lectura con propósito

Vocabulario de la lección

1 Ojea la lección.

2 Escribe el término de vocabulario aquí.

_____

Destrezas para aprender

Observa y compara

¿Cómo puedes parecerte a un científico?
Usando destrezas de investigación. Con las
destrezas de investigación descubres información.
Gracias a ellas, conoces más del mundo.

Lectura con propósito

Puedes comparar las cosas para saber en qué se
parecen. El niño de esta página compara dos cosas.
Dibuja un triángulo alrededor de las dos cosas.

Bosque
de las
Hojas
Caídas

observar

comparar

Predice y mide

15

Clasifica y comunica

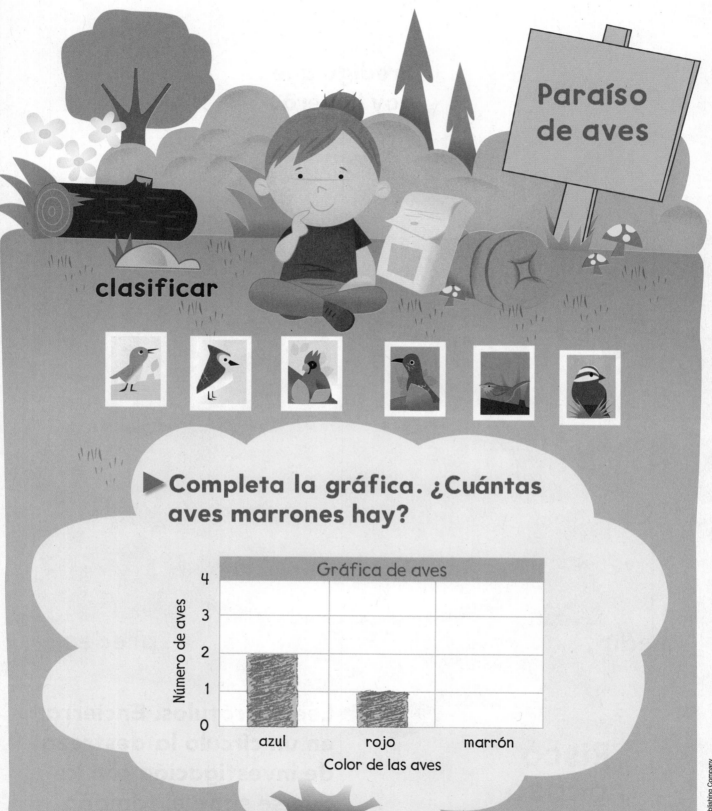

clasificar

Paraíso de aves

▶ Completa la gráfica. ¿Cuántas aves marrones hay?

Gráfica de aves

Número de aves

4
3
2
1
0

azul   rojo   marrón

Color de las aves

comunicar

Formula una hipótesis y planea una investigación

El tronco grande rueda más lejos que el tronco pequeño porque es más pesado.

Haré rodar ambos troncos colina abajo para probar la hipótesis.

formular una hipótesis

planear una investigación

Colina de los Troncos

▶ Observa la ilustración. ¿Qué niño formuló la hipótesis? Subraya la hipótesis.

Infiere y saca tus conclusiones

Pienso que el recipiente liviano esta vacío.

Palacio del picnic

inferir

Los recipientes vacíos son más livianos que los recipientes llenos.

sacar conclusiones

▶ Lee la leyenda. Subraya la conclusión que sacó el niño.

Haz un modelo y una secuencia

Jardín de mariposas

▶ Observa la ilustración. Las cosas pueden suceder en orden.
Escribe 1 al lado de lo que sucede primero.
Escribe 2 al lado de lo que sucede segundo.
Escribe 3 al lado de lo que sucede tercero.
Escribe 4 al lado de lo que sucede al final.

hacer un modelo

secuencia

19

Resúmelo

1 Enciérralo en un círculo

Hay algo que quieres saber. Encierra en un círculo lo que haces para descubrirlo.

predecir

clasificar

planear una investigación

2 Elígelo

¿Qué destreza de investigación se muestra?

comunicar

hacer un modelo

ordenar en secuencia

3 Dibújalo

Observa un objeto. Dibújalo. Da información sobre el objeto.

Esto es un(a) _____. Es _____.

Nombre _____

Juego de palabras

**Encierra en un círculo cada palabra.
Luego, completa la oración.**

comparar	clasificar	inferir	medir
observar	predecir	secuenciar	

```
s  e  c  u  e  n  c  i  a  r  a
v  c  l  a  s  i  f  i  c  a  r
l  a  s  i  n  f  e  r  i  r  p
r  f  m  e  d  i  r  g  e  w  x
o  b  s  e  r  v  a  r  s  t  h
e  w  p  r  e  d  e  c  i  r  w
c  o  m  p  a  r  a  r  t  z  r
```

**Todas las palabras
del crucigrama son nombres
de las** _____ **.**

Aplica los conceptos

Encierra en un círculo el término que concuerda con el significado.

❶	decir lo que aprendes	comunicar	observar
❷	organizar cosas en grupos	ordenar en secuencia	clasificar
❸	decir en qué se parecen y en qué se diferencian las cosas	hacer un modelo	comparar
❹	poner las cosas en orden	ordenar en secuencia	formular una hipótesis
❺	descubrir cuánto o qué tan largo es algo	medir	inferir
❻	usar los sentidos	hacer un modelo	observar
❼	hacer una buena suposición de lo que sucederá	predecir	ordenar en secuencia
❽	decidir qué pasos seguir	sacar conclusiones	planear una investigación

Para la casa

En familia: Converse con su niño acerca de cómo se usan las destrezas de investigación en la casa. Por ejemplo: usted mide cuando cocina y clasifica la ropa después de lavarla.

TEKS **1.2A** haga preguntas acerca de organismos, objetos y eventos observados en la naturaleza **1.2B** planifique y lleve a cabo investigaciones descriptivas simples, tales como la manera en que los objetos se mueven **1.2D** anote y organice la información usando dibujos, números y palabras

Nombre _____

Pregunta esencial

¿Cómo usamos las destrezas de investigación?

Establece un propósito

Di lo que quieres descubrir.

_____

_____

_____

Piensa en el procedimiento

❶ ¿Qué prueba planificaste? Escribe aquí tu plan.

_____

_____

❷ ¿Qué instrumentos científicos usarás para tu prueba?

_____

Anota tus datos

Dibuja y escribe. Anota lo que observes.

Saca tus conclusiones

¿Qué conclusiones puedes sacar?

_____

_____

Haz más preguntas

¿Qué otras preguntas podrías hacer sobre los seres vivos y los objetos que te rodean?

_____

_____

TEKS 1.2C reúna información y haga observaciones con equipos simples … 1.4A reúna, anote y compare información usando instrumentos … 1.4B mida y compare los organismos y los objetos usando unidades no usuales

Pregunta esencial

¿Qué son los instrumentos científicos?

Ponte a pensar

Halla la respuesta a la pregunta en la lección.

¿Qué instrumento científico le serviría a esta niña para medir alrededor de la pelota?

una _____

Lectura con propósito

Vocabulario de la lección

1. Ojea la lección.

2. Escribe aquí los términos de vocabulario.

_____   _____

Instrumentos para explorar

Los instrumentos científicos te sirven para aprender del mundo que te rodea. Usamos **instrumentos científicos** para conocer las cosas. Los instrumentos científicos nos sirven para reunir, anotar y comparar información.

La lupa es un instrumento científico. Sirve para ver cosas pequeñitas. No podrías ver estas cosas tan bien con solo los ojos.

Lectura con propósito

Halla la oración que habla de los **instrumentos científicos.** Subraya la oración.

Estos niños usan la lupa para observar una flor de cerca.

26

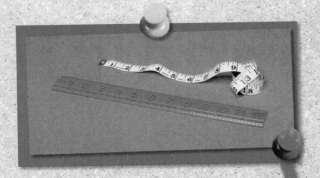

Regla y cinta de medir

La regla sirve para medir el largo de las cosas. La cinta de medir sirve para medir alrededor de las cosas.

Taza de medir

Los líquidos se miden con una taza de medir.

Instrumentos de medición

▶ **Lee los rótulos. Encierra en un círculo los instrumentos que sirven para medir.**

Balanza

Con la balanza se compara el peso de las cosas.

Termómetro

Con el **termómetro** se mide la temperatura. Nos dice lo frías o lo calientes que están las cosas.

¡Vamos a medir!

Hay diferentes maneras de medir los objetos. Una de las maneras es utilizar otro objeto como un clip. Los clips nos sirven para reunir y comparar mediciones.

También puedes medir un objeto utilizando instrumentos científicos. Muchos instrumentos científicos tienen dos tipos de unidades.

Lectura con propósito

La idea principal es la idea más importante sobre algo. Subraya dos veces la idea principal.

clips

Instrumentos y mediciones

Instrumento	Unidad de medida	
taza de medir	onza	mililitro
regla	pulgada	centímetro
cinta de medir	pulgada	centímetro
termómetro	grado Fahrenheit	grado Celsius

▶ **Mira las tres ilustraciones. Anota la medición en la línea que está junto a cada ilustración.**

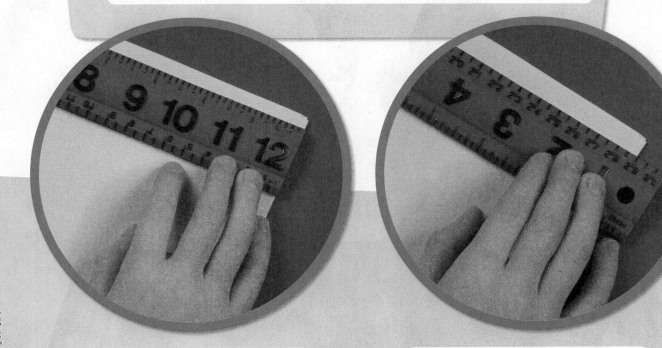

_____ pulgadas

_____ centímetros

Tomar medidas

¿Por qué debemos utilizar instrumentos científicos para medir? ¿Qué pasaría si utilizáramos cosas distintas para medir el mismo objeto? Podríamos obtener medidas distintas.

Esta niña está midiendo la alfombra con los zapatos.

Medir el largo

Mide el largo del estante. Utiliza un zapato pequeño, un zapato grande y una regla o una cinta de medir. La regla o cinta de medir debe tener unidades en centímetros o pulgadas.

¿Cuál es el largo del estante cuando lo mides:

1. con un zapato pequeño?

   aproximadamente _____ zapatos pequeños

2. con un zapato grande?

   aproximadamente _____ zapatos grandes

3. con una regla o cinta de medir?

   aproximadamente _____ centímetros de largo

   aproximadamente _____ pulgadas de largo

Compara las cuatro mediciones. ¿Por qué debes utilizar una regla o una cinta de medir para medir el estante?

_____

_____

_____

_____

Resúmelo

1 Elígelo

¿Cuál de los instrumentos no sirve para medir? Márcalo con una X.

2 Enciérralo en un círculo

¿Qué instrumento te sirve para observar cosas pequeñitas? Enciérralo en un círculo.

3 Emparéjalo

Traza una línea para emparejar el instrumento con el tipo de unidad que se encuentra en él.

termómetro	centímetro
regla	grado Celsius
taza de medir	mililitro

Ejercita tu mente

Nombre _____

Juego de palabras

Traza una línea hasta el instrumento científico cuyo nombre completa la oración.

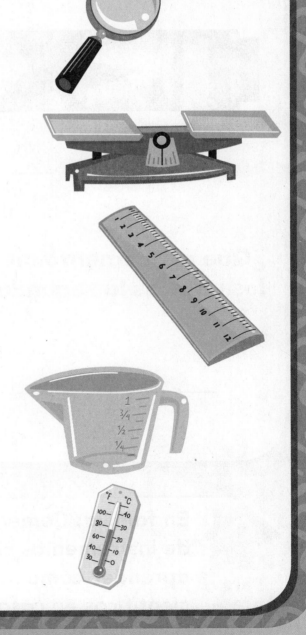

1 Medir la temperatura con un _____.

2 Medir el agua con una _____.

3 Observar una hormiga con una _____.

4 Comparar los pesos con una _____.

5 Medir el largo con una _____.

Mide cada objeto utilizando clips. Luego utiliza un instrumento científico para medir cada objeto en centímetros o en pulgadas. Anota tus respuestas.

_____ clips _____ centímetros _____ pulgadas

_____ clips _____ centímetros _____ pulgadas

¿Qué instrumento científico utilizaste para medir los objetos la segunda vez?

_____

Para la casa

En familia: Comente con su niño los tipos de instrumentos científicos. Vayan juntos a aprender cómo se utilizan los instrumentos científicos en casa.

TEKS **1.2A** haga preguntas acerca de... eventos observados en la naturaleza **1.2B** planifique y lleve a cabo investigaciones descriptivas simples... **1.2D** anote y organice la información ... **1.2E** comunique observaciones y provea las razones de sus explicaciones ... **1.3C** describa qué hacen los científicos

Lección **6**

Pregunta esencial

¿Cómo trajaban los científicos?

Ponte a pensar

Halla la respuesta a la pregunta en la lección.

¿Cómo haces para pintar un arco iris con solo tres colores de pintura?

Puedes mezclar

_____ .

Lectura con propósito

Vocabulario de la lección

① Ojea la lección.

② Escribe aquí el término de vocabulario.

_____

Piensa como científico

Los científicos planean una investigación cuando quieren conocer más sobre un tema. La **investigación** es una prueba que hacen los científicos. Para una investigación se pueden hacer diferentes planes. Este es un plan.

Observa

Primero, observa algo. Haz una pregunta.

Lectura con propósito

Ciertas palabras clave te sirven para hallar el orden de las cosas. **Primero** es una palabra clave. Dibuja una casilla alrededor de esta palabra.

¿Qué sucedería si mezcláramos pintura amarilla con pintura azul?

Formula una hipótesis y planea

Luego, formula una hipótesis. Establece algo que puedas probar. Planea una prueba para ver si estás en lo cierto.

Mi hipótesis

La pintura azul y la pintura amarilla se mezclan para formar el color verde.

Mi plan

1. Coloca pintura amarilla en un plato.
2. Coloca pintura azul en un plato.
3. Mezcla las pinturas.

▶ ¿Crees que la pintura amarilla y la pintura azul se mezclan para formar el color verde? Encierra en un círculo tu respuesta.

sí   no

Haz la prueba

Haz la prueba. Sigue los pasos de tu plan. Observa lo que sucede.

Podemos mezclar las pinturas para ver lo que sucede.

Saca tus conclusiones

Saca conclusiones de la prueba. ¿Qué aprendiste? Compara tus resultados con los de tus compañeros. Usa la información que reuniste para explicar tus resultados.

¿Qué sucedería si hicieran la prueba nuevamente? ¿Cómo lo sabes?

Si hacemos la prueba nuevamente, al mezclar la pintura amarilla con la pintura azul se volverá a formar el color verde.

► Encierra en un círculo el color que se forma cuando mezclas amarillo con azul.

Anota lo que observas

Los científicos anotan lo que aprenden en cada investigación. Tú puedes anotar los datos en un cuaderno de ciencias. Puedes hacer dibujos y también escribir. También puedes usar números.

Lectura con propósito

Un detalle es un hecho acerca de una idea principal. Subraya un detalle. Dibuja una flecha hasta la idea principal a la que se refiere.

Comunica

Puedes compartir con otros lo que has observado y aprendido. Escribir, dibujar y hablar son maneras de comunicar.

azul
+
amarillo
=
verde

▶ **Describe lo que hacen los científicos.**

_____

_____

_____

1 Escríbelo

Tienes una  y un [bloque].
Los dejarás caer.
Crees que el bloque caerá más rápido.
¿Cómo puedes probar tu idea?

_____

2 Enciérralo en un círculo

Sigues los pasos de una investigación.
Ahora dibujas lo que sucede.
¿Qué paso estás siguiendo?
Enciérralo en un círculo.

Observas.   Planeas una prueba.

Anotas lo que observas.

Nombre _____

Juego de palabras

Ordena la palabra para completar cada oración. Usa estas palabras si lo necesitas.

observas	hipótesis	investigación	anotar

ncióvetigansi

1 Para aprender más sobre algo, haces una _____.

sihtpóesi

2 Cuando haces un enunciado que puedes probar, formulas una _____.

natoar

3 Después de hacer una prueba, deberías _____ tus resultados.

beosvras

4 Cuando miras algo de cerca, lo _____.

¿Puede el aire mover una moneda de 1¢ y una pluma?
Describe qué hace un científico.
Di cómo un científico podría investigarlo.
Escribe un número del 1 al 5 para mostrar el orden.

_____ Escribe un plan.

_____ Haz una pregunta: ¿Puede el aire mover una moneda de 1¢ y una pluma?

_____ Anota lo que observes.

_____ Comunica tus resultados.

_____ Sigue tu plan.

Para la casa

En familia: Pida a su niño que le comente los pasos de una investigación. Luego, planeen y hagan una investigación que puedan realizar en casa.

Aprende sobre...

Mary Anderson

En 1902, Mary Anderson observó que cuando había mal tiempo, los conductores de auto no veían bien. Tenían que conducir con la ventanilla abierta. O tenían que bajarse para limpiar el parabrisas. Mary tuvo una idea: inventó el limpiaparabrisas.

Los conductores podían hacerlo trabajar desde el interior de sus autos. Podían ver el camino sin mojarse ni pasar frío.

Dato curioso

Para la segunda década del siglo XX, todos los autos tenían limpiaparabrisas.

Una cosa lleva a la otra

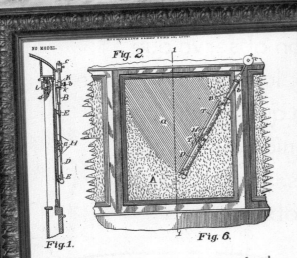

Mary Anderson inventó el primer limpiaparabrisas. Este es uno de los primeros diseños.

Robert Kearns inventó un limpiaparabrisas que se podía encender o apagar cuando fuera necesario.

▶ **¿De qué le sirve el invento de Mary Anderson a la gente de hoy?**

_____

_____

_____

Repaso de vocabulario

Completa las oraciones con los términos de la casilla.

> destrezas de investigación
> investigación
> sentidos

1. Descubres cosas del mundo usando tus _____.

TEKS 1.3C

2. Para obtener información, los científicos usan _____.

TEKS 1.2B, 1.3C

3. Para saber más, los científicos planean una _____.

Conceptos de ciencias

Rellena la burbuja con la letra de la mejor respuesta.

4. ¿Qué puedes saber al escuchar música?
   - Ⓐ cómo se siente
   - Ⓑ cómo se ve
   - Ⓒ cómo suena

TEKS 1.4A

5. ¿Qué instrumento científico puede usar Sandra para reunir y comparar temperaturas ambiente?
   - Ⓐ una balanza
   - Ⓑ una tasa de medir
   - Ⓒ un termómetro

TEKS 1.2A

6. ¿Qué pregunta intenta responder el niño sobre la flor?

Ⓐ ¿Los pétalos de la flor son blandos o duros?

Ⓑ ¿Cómo huele la flor?

Ⓒ ¿El tallo de la flor hace un sonido si se quiebra?

TEKS 1.3C

7. Un científico hace una prueba y escribe los resultados. ¿Qué hace el científico?

Ⓐ Clasifica.

Ⓑ Comunica.

Ⓒ Mide.

TEKS 1.4A, 1.4B

8. Tienes dos carritos. Quieres comparar el peso de los dos. ¿Qué instrumento científico usarás?

Ⓐ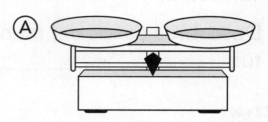

Ⓑ

Ⓒ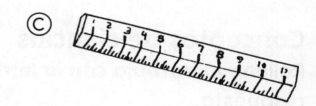

TEKS 1.2C

9. Pablo usa una lupa para reunir información sobre una planta. ¿Qué observa?

Ⓐ el peso de la planta

Ⓑ la altura de la planta

Ⓒ cómo se ve la planta más de cerca

10. ¿Qué paso de una investigación se muestra?

Ⓐ hacer una prueba

Ⓑ sacar una conclusión

Ⓒ anotar los resultados

TEKS 1.2D, 1.2E

11. Alma hace una investigación para descubrir cómo crece una planta de frijoles. ¿Qué puede hacer para comunicar sus resultados?

Ⓐ Puede hacer un dibujo de la planta de frijoles todos los días.

Ⓑ Puede preguntar si la planta necesita agua para crecer.

Ⓒ Puede repetir la investigación.

TEKS 1.2A

12. Haces una investigación sobre diferentes suelos. ¿Qué pregunta puedes responder con el sentido de la vista?

Ⓐ ¿En qué se diferencia la textura de los suelos?

Ⓑ ¿En qué se diferencia el color de los suelos?

Ⓒ ¿En qué se diferencia el olor de los suelos?

Investigación y La gran idea
Escribe las respuestas de las preguntas.

13. Observa la ilustración.

a. ¿Qué sentido usa la niña?

_____

b. ¿Qué puede saber al acariciar al perro?

_____

TEKS 1.2B

14. Quieres planear y realizar una investigación sobre la velocidad a la que ruedan dos carritos. Tu hipótesis es que un carrito de metal rueda más rápido que un carrito de madera. ¿Qué pasos seguirás para probar tu hipótesis?

_____

_____

_____

La tecnología que nos rodea

La gran idea

Los ingenieros construyen cosas nuevas mediante un proceso de diseño. Usan muchos tipos de materiales.

TEKS 1.1C, 1.2A, 1.2B, 1.2D, 1.3A, 1.3C, 1.5A

patio de juegos infantil

Me pregunto cómo

Un ingeniero planificó un diseño para este patio de juegos. ¿Cómo?
Da vuelta a la página para descubrirlo.

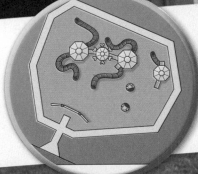

51

Por esta razón El ingeniero dibujó sus ideas en un plano. El plano tiene muchas cosas divertidas para los niños.

En esta unidad vas a aprender más sobre La gran idea, y a desarrollar las preguntas esenciales y las actividades del Rotafolio de investigación.

Niveles de investigación ■ Dirigida ■ Guiada ■ Independiente

Comprueba tu progreso

La gran idea Los ingenieros construyen cosas nuevas mediante un proceso de diseño. Usan muchos tipos de materiales.

Preguntas esenciales

Lección I ¿Cómo trabajan los ingenieros? 53
Rotafolio de investigación pág. 11 Que no se rompa/Hazlo volar

**Investigación de la Lección 2
¿Cómo podemos resolver un problema?** 65
Rotafolio de investigación pág. 12 ¿Cómo podemos resolver un problema?

Lección 3 ¿De qué materiales están hechos los objetos? 67
Rotafolio de investigación pág. 13 Constrúyelo/Misión material

**Investigación de la Lección 4
¿Cómo se pueden agrupar los materiales?** 79
Rotafolio de investigación pág. 14 ¿Cómo se pueden agrupar los materiales?

Personajes en las ciencias: Dr. Eugene Tsui 81

Repaso de la Unidad 2 83

¡Ya entiendo La gran idea!

Cuaderno de ciencias

No olvides escribir lo que piensas sobre la Pregunta esencial antes de estudiar cada lección.

TEKS **1.3A** identifique y explique un problema, tal como encontrar un hogar para una mascota del salón de clases, y proponga una solución con sus propias palabras

Lección **1**

Pregunta esencial

¿Cómo trabajan los ingenieros?

 **Ponte a pensar**

Halla la respuesta a la pregunta en la lección.

¿Cómo harías para rascarte en un lugar que te pica y que no puedes alcanzar?

Puedo

_____

_____ .

Lectura con propósito

Vocabulario de la lección

1 Ojea la lección.

2 Escribe aquí los 2 términos de vocabulario.

_____   _____

¿Quiénes resuelven problemas?

Los **ingenieros** aplican las matemáticas y las ciencias para resolver problemas de la vida cotidiana. Los ingenieros trabajan en muchos tipos de problemas. Unos ingenieros diseñan robots. Otros planifican caminos. Y otros diseñan carros.

Lectura con propósito

Un detalle es un hecho acerca de una idea principal. Subraya un detalle. Dibuja una flecha hasta la idea principal a la que se refiere.

▶ **Encierra en un círculo el nombre de tres tipos de ingenieros.**

ingeniero en robótica

Los ingenieros resuelven problemas mediante un proceso de diseño. El **proceso de diseño** es un plan con los pasos que siguen los ingenieros para hallar buenas soluciones.

El proceso de diseño

1. Busca un problema
2. Planea y construye
3. Examina y mejora
4. Modifica el diseño
5. Comunica

ingeniero mecánico

ingeniero civil

El proceso de diseño

1 Busca un problema

A Jack le pica un lugar que no puede alcanzar. ¿Cómo puede rascarse? Los pasos de este proceso de diseño muestran qué hace Jack.

Jack identifica su problema. Tiene que hallar una manera de rascarse la espalda. Busca maneras de resolver su problema.

Jack intenta rascarse la espalda.

▶ **Identifica y explica el problema de Jack.**

_____

_____

Jack saca su cuaderno de ciencias.
Quiere buscar una solución. Jack anota lo
que hace para resolver el problema.

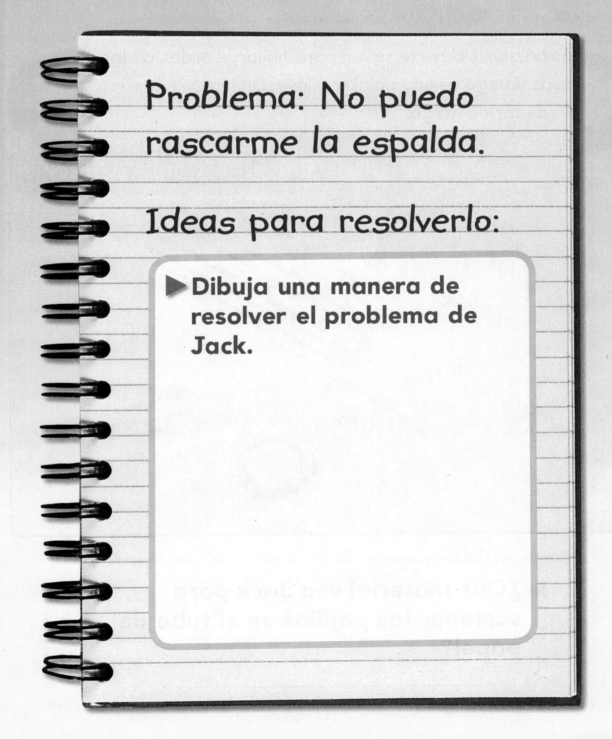

Problema: No puedo
rascarme la espalda.

Ideas para resolverlo:

▶ Dibuja una manera de
resolver el problema de
Jack.

Luego Jack elige una solución y la prueba.
Hace un plan. Jack dibuja y rotula su plan.
Elige los mejores materiales que puede usar.

Lectura con propósito

Las palabras clave te sirven para hallar el orden de las
cosas. **Luego** es una palabra clave. Dibuja una casilla
alrededor de **luego**.

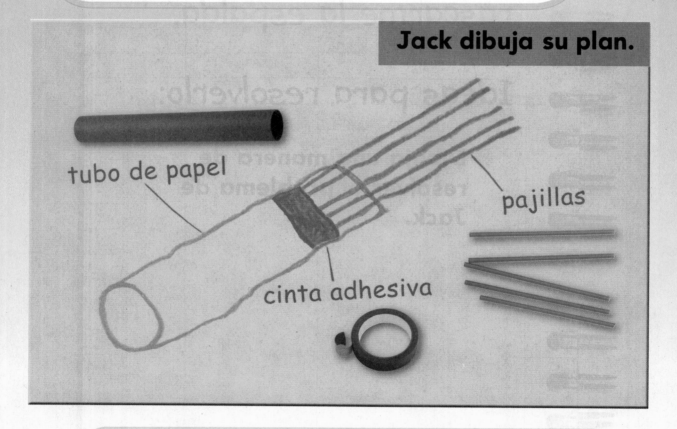

Jack dibuja su plan.

tubo de papel

pajillas

cinta adhesiva

▶ **¿Qué material usa Jack para
sostener las pajillas en el tubo de
papel?**

_____

Jack construye su instrumento para rascar la espalda. Usa los materiales que eligió y sigue el plan que hizo.

Jack hace su instrumento para rascar la espalda.

Jack prueba su instrumento para rascar la espalda con una amiga. Examinan si el instrumento para rascar la espalda funciona. ¿Resuelve el problema el instrumento?

▶ **Escribe una manera de mejorar el diseño del instrumento para rascar la espalda.**

_____

_____

Jack y su amiga prueban el instrumento para rascar la espalda.

4 Modifica el diseño

Jack piensa en una manera de modificar su instrumento para rascar la espalda. Agrega notas sobre cómo mejorarlo.

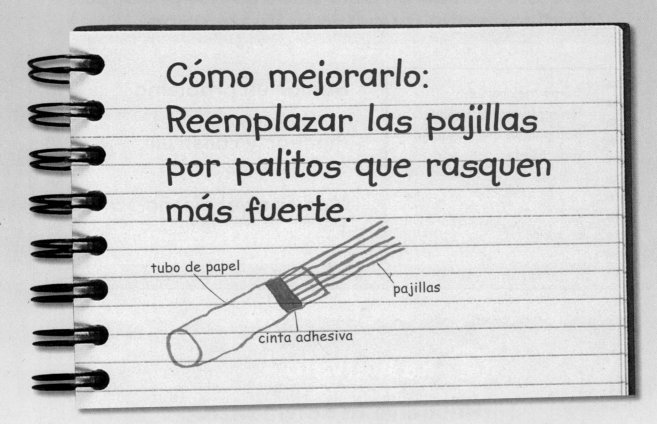

Cómo mejorarlo:
Reemplazar las pajillas por palitos que rasquen más fuerte.

tubo de papel

pajillas

cinta adhesiva

5 Comunica

Jack escribe y dibuja para mostrar qué sucedió. Puede compartir con los demás lo que aprendió.

▶ **¿Qué material usa Jack para mejorar su diseño? Encierra en un círculo la palabra.**

Resúmelo

1 Enciérralo en un círculo

Encierra en un círculo el paso del proceso de diseño que muestra la ilustración.

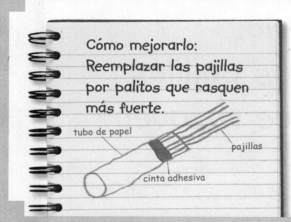

Cómo mejorarlo:
Reemplazar las pajillas
por palitos que rasquen
más fuerte.

tubo de papel
pajillas
cinta adhesiva

Buscar un problema

Planear y construir

Modificar el diseño

2 Resuélvelo

Resuelve la adivinanza.

Resuelvo problemas
aplicando las ciencias
y las matemáticas.
El proceso de diseño
me lleva por el camino
correcto.

¿Quién soy?

_____

Nombre _____

Juego de palabras

Escribe un rótulo para cada ilustración.

| elegir materiales | construir | ingeniera | probar |

_____

_____

_____

_____

Escribe números para ordenar los pasos del proceso de diseño. El primero ya está hecho.

El proceso de diseño

_____ Examina y mejora

____1____ Busca un problema

_____ Comunica

_____ Modifica el diseño

_____ Planea y construye

Para la casa

En familia: Identifique un problema de casa junto con su niño, como una gaveta llena de cosas viejas. Pida a su niño que halle una solución usando el proceso de diseño.

TEKS **1.2A** haga preguntas acerca de organismos, objetos y eventos observados en la naturaleza **1.2D** anote y organice la información usando dibujos, números y palabras **1.3A** identifique y explique un problema, tal como encontrar un hogar para una mascota del salón de clases, y proponga una solución con sus propias palabras

Nombre_____

Pregunta esencial

¿Cómo podemos resolver un problema?

Establece un propósito

Identifica y explica el problema

_____

_____

Piensa en el procedimiento

❶ ¿Qué pasos seguirás para construir un hogar?

_____

_____

❷ ¿Cómo sabrás si tu diseño funciona?

_____

Anota tus datos

Haz y rotula un dibujo de tu solución.

Saca tus conclusiones

¿Qué tal funcionó tu solución? ¿Cómo podrías modificar el diseño del hogar para mejorarlo?

_____

_____

_____

Haz más preguntas

¿Qué otras preguntas tienes sobre cómo diseñar la solución de un problema?

_____

66

Lección 3

Pregunta esencial

¿De qué materiales están hechos los objetos?

Ponte a pensar

Halla la respuesta a la pregunta en la lección.

¿Qué podrías hacer con esta madera?

_____

Lectura con propósito

Vocabulario de la lección

1. Ojea la lección.

2. Escribe aquí los 3 términos de vocabulario.

_____ _____

_____ _____

Haz tu parte

Los objetos pueden estar hechos de varias partes. Las partes se unen y forman un entero.

Observa esta bicicleta. Tiene ruedas, un cuadro y otras partes. Estas partes unidas forman la bicicleta.

Lectura con propósito

Un detalle es un hecho acerca de una idea principal. Subraya un detalle. Dibuja una flecha hasta la idea principal a la que se refiere.

_____

rueda
_____

_____

Recolectas las llantas de bicicleta para usarlas para cubrir el patio de recreo de la esuela. Recolectas 4 llantas cada día durante 5 días. ¿Cuántas llantas recolectaste en total?

_____

_____

_____

▶Escribe rótulos de las partes de la bicicleta.

bicicleta

Mundo material

Observa esta casa. Una parte es de ladrillo. Otra parte es de metal. También hay partes de madera. Y las ventanas son de vidrio.

El ladrillo, el metal, la madera y el vidrio son materiales. Los **materiales** son los elementos de que está hecho un objeto.

Lectura con propósito

Halla la oración que dice el significado de **materiales**. Subraya la oración.

ladrillo

madera

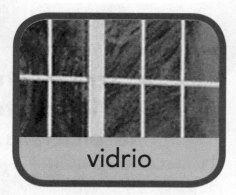
vidrio

metal

▶Identifica los materiales que hay en esta casa. Escribe un rótulo en cada parte de la foto.

71

Hecho a la medida

Los materiales pueden ser naturales o hechos por el hombre. Los materiales **naturales** se encuentran en la naturaleza. Por ejemplo, el algodón viene de una planta. La madera viene de los árboles. El metal viene de las rocas.

Los materiales **creados por el hombre** son fabricados por científicos. Por ejemplo, el plástico y el nailon se fabrican primero en un laboratorio. Los científicos convierten el petróleo en estos materiales nuevos que no se encuentran en la naturaleza.

árboles

algodón

Crude Oil

petróleo crudo

petróleo

camisa de algodón

barco de madera con velas de nailon

Algunos objetos están hechos de materiales naturales. Otros están hechos de materiales creados por el hombre. Hay objetos hechos de materiales tanto naturales como creados por el hombre.

▶ **Clasifica los objetos según los materiales de los que están hechos. Encierra en un círculo el objeto hecho de materiales naturales. Haz una X sobre los objetos hechos de materiales creados por el hombre.**

juguetes de plástico

Materiales cotidianos

¿Qué se hace del algodón? ¿Tienes un par de bluyines? Los bluyines de algodón se hacen en fábricas. Así es como se hacen.

Lectura con propósito

Las cosas pueden suceder en orden. Subraya el paso que sucede primero.

1

El algodón se teje como tela en los telares.

2

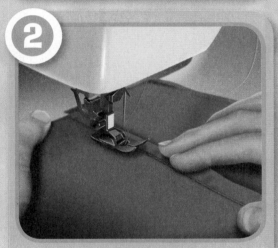

Los obreros cortan y cosen la tela con máquinas.

3

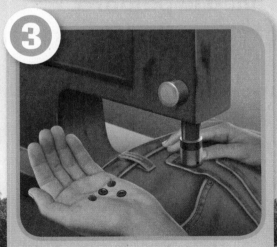

Los obreros ponen los remaches con máquinas.

4

¡Ahora los bluyines están listos para usar!

1 Dibújalo

Dibújale a la casa algo hecho de vidrio.

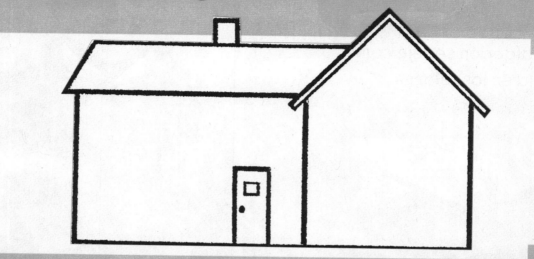

2 Emparéjalo

Identifica el material del que está hecho cada juguete. Une con una línea la palabra.

creado por el hombre　　　natural　　　creado por el hombre y natural

Nombre _____

Juego de palabras

Colorea las casillas de las letras que forman las palabras de vocabulario. Escribe las palabras para completar las oraciones.

creado por el hombre	materiales	natural

n	a	t	u	r	a	l	t	w	k	q	r	t	y	u	v	s
m	a	t	e	r	i	a	l	e	s	l	ñ	z	x	c	i	k
c	r	e	a	d	o	p	o	r	e	l	h	o	m	b	r	e
v	r	w	o	y	p	o	ñ	a	q	e	t	m	c	z	j	n
a	n	j	l	n	o	a	l	r	d	e	a	f	t	q	k	o

1. Los objetos están hechos de _____.

2. Si un material se hace en el laboratorio está _____.

3. Si un material se encuentra en la naturaleza es _____.

77

Completa la tabla. Nombra y clasifica los materiales de que está hecho cada objeto.

Tabla de materiales

Objeto	Material	Natural, creado por el hombre o ambos
1	_____	_____ _____
2	_____ _____	_____
3	_____	_____

En familia: Juegue con su niño a identificar las partes y los materiales de objetos de la casa. Clasifiquen los materiales como naturales, creados por el hombre o ambos.

Para la casa

Rotafolio de investigación, pág. 14

Nombre_____

TEKS **1.2A** haga preguntas acerca de organismos, objetos y eventos observados en la naturaleza **1.2B** planifique y lleve a cabo investigaciones descriptivas simples, tales como la manera en que los objetos se mueven **1.2D** anote y organice la información usando dibujos, números y palabras

Pregunta esencial

¿Cómo se pueden agrupar los materiales?

Establece un propósito

Di lo que quieres hacer.

_____

Piensa en el procedimiento

1 ¿Qué observarás de los objetos?

_____

_____

2 ¿Cómo agruparás los objetos?

_____

_____

Anota tus datos

Agrupa los objetos usando la tabla. Escribe o haz un dibujo que muestre cómo agrupaste los objetos.

Natural	Creado por el hombre	Ambos

Saca tus conclusiones

¿Cómo podrías saber de qué están hechos los objetos?

_____

_____

Haz más preguntas

¿Qué otras preguntas podrías hacer sobre los objetos y los materiales?

_____

_____

Conoce al
Dr. Eugene Tsui

El Dr. Eugene Tsui es arquitecto. Es un tipo de ingeniero. Los arquitectos diseñan casas y otros edificios.

El Dr. Tsui estudia las formas de la naturaleza, como las conchas de mar. Basa sus diseños en lo que aprende. El Dr. Tsui dice que la naturaleza es nuestra gran maestra.

Dato curioso

El Dr. Tsui también diseña su propia ropa.

Los diseños del Dr. Eugene Tsui

▶ **Empareja con una línea cada edificio con la forma de la naturaleza en la que está basado.**

huesos de un ave

escamas de pez

alas de libélula

▶ **Piensa en una forma de la naturaleza. Básate en ella para diseñar tu propio edificio.**

Repaso de vocabulario
Completa las oraciones con los términos de la casilla.

> ingeniero
> materiales
> natural

1. Un _____ puede intentar resolver un problema como el modo de construir un carro mejor.

TEKS 1.1C

2. El ladrillo, el metal y la madera son distintos _____.

TEKS 1.1C

3. El algodón y la madera son cosas _____ que se hallan en la naturaleza.

Conceptos de ciencias
Rellena la burbuja con la letra de la mejor respuesta.

TEKS 1.1C, 1.5A

4. Una camisa de algodón tiene un cierre de metal. ¿Cómo puedes clasificar los materiales que componen la camisa?

Ⓐ naturales

Ⓑ creados por el hombre

Ⓒ tanto naturales como creados por el hombre

TEKS 1.3A

5. Yazan observa que para las aves es difícil obtener los alimentos de un comedero de aves. ¿Qué paso del proceso de diseño acaba de completar?

Ⓐ Comunica

Ⓑ Busca un problema

Ⓒ Examina y mejora

6. Carla mira dos objetos.

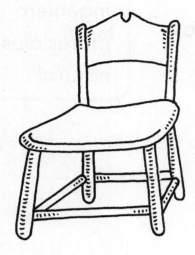

¿Qué objeto está hecho con un material creado por el hombre?

Ⓐ la silla de madera

Ⓑ el balde de plástico

Ⓒ ambos están hechos de materiales creados por el hombre

7. Una ingeniera diseña una bicicleta que se dobla por la mitad. ¿Qué problema intenta resolver?

Ⓐ Las bicicletas no caben en espacios pequeños.

Ⓑ Es difícil andar en bicicleta.

Ⓒ Las bicicletas son muy lentas.

8. ¿Qué objeto está hecho de materiales naturales?

Ⓐ una camisa de nailon

Ⓑ una botella de plástico

Ⓒ una mesa de madera

9. El portalápices de Raj se cae cuando está lleno. ¿Cómo puede intentar resolver este problema?

Ⓐ Puede deshacerse del portalápices.

Ⓑ Puede planear y construir un portalápices mejor.

Ⓒ Puede buscar otro problema para resolver.

10. Hay un río entre dos ciudades. La gente quiere ir de una ciudad a la otra en carro. Dos ingenieros hablan sobre el problema.

¿Cómo planean resolverlo?

Ⓐ construyendo un túnel bajo el río

Ⓑ construyendo un puente sobre el río

Ⓒ dándoles botes a los habitantes de las ciudades

11. Usas el proceso de diseño para diseñar un sombrero para el sol. ¿Cómo puedes comunicar lo que hiciste?

Ⓐ Pruebo que el sombrero bloquee el sol.

Ⓑ Les digo a los demás cómo funciona mi diseño.

Ⓒ Modifico el diseño del sombrero y hago cambios.

12. ¿Qué objeto está hecho tanto de materiales naturales como de materiales creados por el hombre?

Ⓐ un balde de metal con asas de madera

Ⓑ una puerta de madera con picaporte de metal

Ⓒ un bolso de algodón con asas de plástico

Investigación y La gran idea
Escribe las respuestas de las preguntas.

TEKS 1.1C, 1.5A

13. Geeta clasificó unos objetos en estas dos categorías.

Grupo 1	Grupo 2
lápiz de madera	juguete de plástico
tenedor de metal	chaqueta de nailon

a. ¿Cómo clasificó los objetos?

_____

_____

b. Nombra algo que pueda agregarse a cada grupo.

_____

TEKS 1.3A

14. Por debajo de la puerta de Michael entra aire frío. Quiere usar el proceso de diseño para hallar una solución.

a. ¿Qué debe hacer primero Michael?

_____

b. Michael construye un instrumento. ¿Cómo puede probarlo?

_____

c. ¿Qué debe hacer si el instrumento no funciona?

_____

La materia

castillo de arena

La gran idea

Todos los objetos son materia. La materia puede cambiar a distintas formas.

TEKS 1.2A, 1.2B, 1.2D, 1.3A, 1.3C, 1.5A, 1.5B

Me pregunto por qué

Usamos las palabras <u>marrón</u> y <u>áspero</u> para describir este castillo de arena. ¿Por qué? *Da vuelta a la página para descubrirlo.*

Por esta razón Marrón y áspero son
propiedades del castillo de arena. Una propiedad
es una parte que nos dice cómo es algo.

En esta unidad vas a aprender más sobre La gran
idea, y a desarrollar las preguntas esenciales y las
actividades del Rotafolio de investigación.

Niveles de investigación ■ Dirigida ■ Guiada ■ Independiente

Comprueba
tu
progreso

La gran idea Todos los objetos
son materia. La materia puede
cambiar a distintas formas.
Preguntas esenciales

Lección 1 ¿Qué observamos en los objetos? 89
   Rotafolio de investigación pág. 15 ¡Clasifícalo! /¿Cuánto pesa?

   Profesiones en las ciencias: Científico de polímeros 101

Investigación de la Lección 2 ¿Cómo se mide
   la temperatura? 103
   Rotafolio de investigación pág. 16 ¿Cómo se mide la temperatura?

Lección 3 ¿Cómo cambia la materia con el calor
   y el frío? 105
   Rotafolio de investigación pág 17 De agua a gas/Cambios del agua

S.T.E.M. .Ingeniería y tecnología: ¡Tecnología en la cocina! 115
   Rotafolio de investigación pág 18 Piensa en el proceso:
                                    Escribe una receta

Repaso de la Unidad 3 117

¡Ya entiendo La gran idea!

Cuaderno de ciencias

No olvides escribir lo que piensas
sobre la Pregunta esencial antes
de estudiar cada lección.

Lección 1

Pregunta esencial

¿Qué observamos en los objetos?

Ponte a pensar

Halla la respuesta a la pregunta en la lección.

¿En qué se parecen los bloques de este conejo?

Todos son

_____.

Lectura con propósito

Vocabulario de la lección

1 Ojea la lección.

2 Escribe aquí los 5 términos de vocabulario.

_____ _____

_____ _____

_____

Por qué la materia es importante

Mira a tu alrededor. ¿Qué ves? ¿Hay árboles, juguetes o libros? Todas esas cosas son materia. La **materia** es cualquier cosa que ocupa espacio. ¡Hasta el aire que respiras es materia!

Lectura con propósito

La idea principal es la idea más importante acerca de algo. Subraya dos veces la idea principal.

▶ **Mira la pelota, el reloj y el niño. Marca con una X cada cosa que sea materia.**

¿Cómo es?

Cada **propiedad** de la materia es una parte que nos dice cómo es algo. El tamaño, el color, la forma y la textura son propiedades. La **textura** es cómo se siente algo al tocarlo.

Lectura con propósito

Halla la oración que dice el significado de **propiedad**. Luego, subraya la oración.

Tamaño

Grande y **pequeño** son palabras que nos dicen el tamaño.

Forma

Estrella y **corazón** son palabras que nos dicen la forma.

Puedes clasificar objetos según los materiales de que están hechas las propiedades. Cuando clasificas, pones las cosas similares en el mismo grupo.

▶ En cada casilla, marca con una X el objeto que no va en el grupo.

Color

Rojo y **azul** son palabras que nos dicen el color.

Textura

Suave y **duro** son palabras que nos dicen la textura.

¿Pesado o liviano?

Ciertas cosas se sienten livianas cuando las levantas. Otras cosas se sienten pesadas. El **peso** es la medida de lo pesado que se siente un objeto. Puedes clasificar los objetos según su peso.

pesado

liviano

Práctica matemática

Ordenar por el peso

Ordena los objetos del más liviano al más pesado. Escribe 1 bajo el objeto más liviano y escribe 3 bajo el objeto más pesado.

pintura
_____

clip
_____

marcador
_____

¿Caliente o frío?

¿Qué tan caliente es una pizza? ¿Qué tan frío es un helado en paleta? Lo sabemos por la temperatura. La **temperatura** es la medida que muestra qué tan caliente o frío está algo.

pizza

helado en paleta

chocolate caliente

limonada

▶ **Dibuja algo caliente.**

▶ **Dibuja algo frío.**

¿Flota o se hunde?

Piensa en lo que les pasa a las cosas en una bañera o en una piscina. Las esponjas se quedan en la superficie del agua. Las barras de jabón se hunden hasta el fondo.

Los objetos que flotan, se quedan en la superficie de un líquido. Los objetos que se hunden, caen hasta el fondo.

▶ Encierra en un círculo lo que flota. Marca con una X lo que se hunde.

La canoa con gente es grande y pesada. ¿Por qué flota?

¿Cómo hacen que ese bote flote?

Mira el bote de arcilla y la pelota de arcilla. La pelota se hunde. El bote flota. ¿Por qué? La pelota y el bote tienen formas diferentes. El bote flota por la forma que tiene. A veces las cosas se hunden o flotan si les cambiamos la forma.

Resúmelo →

① Elígelo

Clasifica los objetos. Encierra en un círculo cada forma de color azul. Marca los cuadrados con una X. Subraya los círculos grandes.

② Márcalo

Marca con una X el perro pequeñito.

③ Escríbelo

¿Este juguete es suave o duro? Escribe la palabra.

_____

Nombre _____

Juego de palabras

Escribe una palabra de la casilla bajo cada definición.

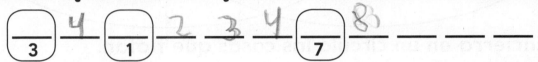

| propiedad | peso | textura | temperatura |

medida que muestra qué tan caliente o frío está algo

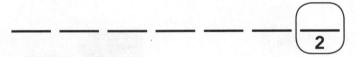

___(3)___ 4 ___(1)___ 2 3 4 ___(7)___ 8 ___ ___ ___ ___

manera en que se siente un objeto al tacto

___ ___ ___ ___ ___ ___(2)___

medida de lo pesado que se siente un objeto

___ ___(4)___ ___ ___

nos dice una parte de cómo es algo

___ ___(5)___ ___ ___ ___(6)___ ___ ___

Resuelve la adivinanza. Ordena las letras que quedaron en los círculos. Escríbelas sobre las líneas.

Soy cualquier cosa que ocupa espacio. ¿Qué soy? ___ ___ ___ ___ ___ ___ ___
1   2   3   4   5   6   7

1. Clasifica estas formas según sus propiedades. Dibújalas una por una en el diagrama.

```
      corazones                    rojo
              corazones
                rojos
```

2. Encierra en un círculo las cosas que flotan.

Marca con una X las cosas que se hunden.

3. Escribe el nombre de algo caliente o dibújalo.

_____

Escribe el nombre de algo frío o dibújalo.

_____

Para la casa

En familia: Pídale a su niño que comente las propiedades de la materia. Señale objetos de casa. Pídale a su niño que clasifique los objetos según sus propiedades.

Pregúntale a un científico de polímeros

¿Qué son los polímeros?

Los polímeros son un tipo de material. Podemos encontrar algunos polímeros en la naturaleza, como la seda. Pero los científicos creamos otros polímeros, como los plásticos.

¿Qué hace un científico de polímeros?

Trabajo con distintos materiales e intento mejorarlos. Hay materiales que causan problemas. Entonces yo trato de resolver esos problemas.

¿Me dice uno de los problemas en que trabajan los científicos de polímeros?

Hay polímeros que tardan años en deshacerse y eso produce mucha basura. Los científicos queremos inventar polímeros que se deshagan más rápido para que haya menos basura.

¡Es tu turno!

► Describe qué hace un científico de polímeros

_____

_____

_____

_____

Juego de polímeros

▶ **Piensa en lo que estudia un científico de polímeros. Haz una lista de polímeros en las siguientes líneas.**

pelota de hule

espuma de embalaje

juguete de plástico

bolsas de plástico

1. _____

2. _____

3. _____

4. _____

Dato curioso

La concha de una langosta
es un polímero.

TEKS **1.2A** haga preguntas acerca de organismos, objetos y eventos observados en la naturaleza **1.2B** planifique y lleve a cabo investigaciones descriptivas simples, tales como la manera en que los objetos se mueven **1.2D** anote y organice la información usando dibujos, números y palabras **1.5B** pronostique e identifique cambios en los materiales causados por el calentamiento o enfriamiento, tales como el derretimiento del hielo, el congelamiento del agua y la evaporación del agua

Nombre _____

Pregunta esencial

¿Cómo se mide la temperatura?

Establece un propósito

Cuenta lo que quieres descubrir.

_____

Piensa en el procedimiento

❶ ¿Cómo probarás si los colores claros o los colores oscuros se calientan más rápido?

_____

_____

❷ ¿Cómo sabes qué color se calienta más rápido?

_____

_____

_____

Anota tus datos

En esta tabla, anota la temperatura inicial y la temperatura 30 minutos después. Compáralas.

Color	Temperatura inicial	Temperatura 30 minutos después
blanco		
negro		

Saca tus conclusiones

¿Se calientan más rápido los colores claros o los oscuros?

_____

Haz más preguntas

¿Qué otras preguntas sobre la temperatura podrías hacer?

_____

_____

_____

TEKS **1.5B** pronostique e identifique cambios en los materiales causados por el calentamiento o enfriamiento, tales como el derretimiento del hielo, el congelamiento del agua y la evaporación del agua.

Lección  **3**

Pregunta esencial

¿Cómo cambia la materia con el calor y el frío?

Ponte a pensar

Halla la respuesta a la pregunta en la lección.

¿Cómo el agua se hace hielo?

_____

Lectura con propósito

Vocabulario de la lección

1 Ojea la lección.

2 Escribe aquí los 4 términos de vocabulario.

_____ _____

_____ _____

Congelarse

El enfriamiento cambia el agua. Quitar el calor congela el agua. **Congelarse** significa cambiar de líquido a sólido. El agua se congela, se hace hielo. Hay otros líquidos, como el jugo, que también se congelan.

Lectura con propósito

Encuentra la oración que dice el significado de **congelarse**. Subraya la oración.

Un lago se congela, se hace hielo.

El agua se hace hielo.
El hielo es sólido y frío.

El agua es un líquido.
El agua pierde calor cuando
entra en un lugar frío.

▶ **Identifica lo que**
pasa con el agua
cuando se enfría.

_____

Derretirse

Con el calor del sol se calienta el hielo.
¿Qué pasa después? ¡El hielo se derrite!
Derretirse significa cambiar de sólido a
líquido. El hielo se derrite y se hace agua.
Hay otros sólidos que también se derriten
al calentarse.

1

El hielo aún está
congelado.

2

El hielo se derrite
por el calor.

1

¿Qué les pasa a los crayones cuando se quedan bajo el sol?

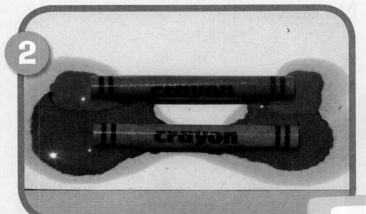

2

El calor del sol los derrite. Se hacen líquido.

1

2

▶ ¿Qué le pasa al helado si se queda bajo el sol? ¡Dibuja para predecirlo!

En el aire

El agua se seca. ¿Adónde se va? Se evapora. **Evaporarse** significa cambiar de líquido a gas. Mientras más calor hay, más rápido se evapora el agua. El agua en el aire se llama vapor de agua. No se ve.

1

El charco es líquido.

2

El charco se hace gas por el calor.

▶ **Predice lo que le pasará al agua de estas huellas bajo el sol.**

_____

_____

¡Enfríalo!

¿Qué le pasa al vapor de agua cuando se enfría? El enfriamiento hace que el vapor de agua se condense y se haga agua. **Condensarse** significa cambiar de gas a líquido.

Lectura con propósito

Un efecto nos dice lo que pasa. Subraya dos veces un efecto.

El vapor de agua se condensa y se hace agua en el espejo.

1

2

Resúmelo

1 Márcalo

Predice cuál se va a evaporar más rápido. Márcalo con una X.

2 Enciérralo en un círculo

Identifica cuál está congelado. Enciérralo en un círculo.

3 Dibújalo

Dibuja un objeto antes y después de que se derrite.

Antes	Después

Nombre _____

Juego de palabras

Escribe la palabra que describe las palabras subrayadas de cada oración.

| derretir | congelar | evaporar | condensar |

1. El calor hace que <u>un sólido se convierta en líquido</u>. _____

2. El calor hace que <u>un líquido se convierta en gas</u>. _____

3. El frío hace que <u>un líquido se convierta en sólido</u>. _____

4. El frío hace que <u>un gas se convierta en líquido</u>. _____

Aplica los conceptos

Identifica el cambio que ocurrió. Escribe la palabra que falta por cada efecto.

Causa

Efecto

El gas se enfría.

Se _____ como líquido.

El agua se calienta.

Se _____ como gas.

El agua se enfría.

Se _____ como sólido.

El hielo se calienta.

Se _____ como agua.

Para la casa

En familia: Junto con su niño, identifique alimentos, líquidos y otros materiales de casa que se puedan congelar, derretir y evaporar.

S.T.E.M
Ingeniería y tecnología

¡Tecnología en la cocina!
Instrumentos para cocinar

Los instrumentos que usas para cocinar son tecnología. ¡Están diseñados para ayudarte en la cocina! Las recetas te dicen cómo preparar la comida. La cuchara te sirve para medir. El horno te sirve para hornear.

Trigo integral
Galletas con chispas de chocolate

1 huevo
1 cucharadita de vainilla
1 cucharadita de bicarbonato de sodio
2 tazas de harina de trigo integral

Las tazas de medir y las cucharas tienen unidades que sirven para medir correctamente.

El reloj nos indica cuando algo se ha terminado de hornear.

115

Arréglatelas

Escribe una solución para cada problema.

1 Estás horneando panecillos. ¡Y se te echó a perder el reloj del horno! ¿De qué otra manera podrías medir el tiempo de hornear los panecillos?

_____

_____

2 Necesitas 3 tazas de harina para preparar una receta. Solamente tienes una taza de medir de 1 taza. ¿Cómo la usarías para medir la harina?

_____

_____

Parte de la base

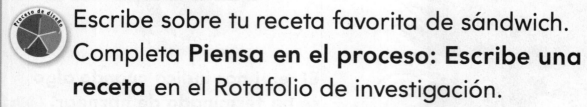

Escribe sobre tu receta favorita de sándwich. Completa **Piensa en el proceso: Escribe una receta** en el Rotafolio de investigación.

Repaso de vocabulario

Completa las oraciones con los términos de la casilla.

condensarse
propiedad
textura

TEKS 1.5A

1. Una parte de cómo es algo es una _____.

TEKS 1.5A

2. Puedes clasificar un objeto por su _____, o lo duro o blando que es.

TEKS 1.5B

3. _____ es enfriarse y cambiar de gas a líquido.

Conceptos de ciencias

Rellena la burbuja con la letra de la mejor respuesta.

TEKS 1.5A

4. ¿En qué **se parece** toda la materia?
   Ⓐ Toda la materia tiene la misma forma.
   Ⓑ Toda la materia ocupa espacio.
   Ⓒ Toda la materia está hecha de materiales naturales.

TEKS 1.2B, 1.5A

5. John realiza una investigación. Reúne dos objetos. Uno es más pesado que el otro. ¿Cómo puede clasificar los objetos?
   Ⓐ según su color
   Ⓑ según su forma
   Ⓒ según su peso

TEKS 1.2B, 1.5B

6. El niño coloca la cubetera en un lugar frío. ¿Qué predices que le sucederá al agua de la cubetera?

Ⓐ Se evaporará.

Ⓑ Se congelará.

Ⓒ Se derretirá.

TEKS 1.5A

7. ¿Cómo están clasificadas estas rocas?

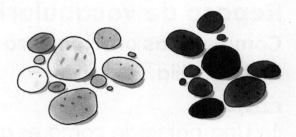

Ⓐ según su color

Ⓑ según su forma

Ⓒ según su tamaño

TEKS 1.4A

8. Usa los vasos de agua y los termómetros para comparar las temperaturas. ¿Qué vaso tiene el agua más caliente?

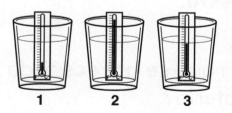

1   2   3

Ⓐ el vaso 1

Ⓑ el vaso 2

Ⓒ el vaso 3

TEKS 1.5B

9. ¿Cómo cambia el cubo de hielo? Identifícalo.

Ⓐ Se congela.

Ⓑ Se derrite.

Ⓒ Se condensa.

TEKS 1.5A

10. Observas un grupo de bloques cuadrados y un grupo de bloques redondos. ¿Cómo se clasifican?

Ⓐ según su color

Ⓑ según su tamaño

Ⓒ según su forma

TEKS 1.2B, 1.4A

11. Jin mide la temperatura en diferentes momentos. Compáralas. ¿En qué momento es menor?

Momento del día	Temperatura
mañana	32 °F
tarde	42 °F
noche	25 °F

Ⓐ en la mañana

Ⓑ en la tarde

Ⓒ en la noche

TEKS 1.5B

12. Un lago se congela. ¿Qué puedes decir sobre la temperatura a la que está el lago?

Ⓐ Es fría.

Ⓑ Es caliente.

Ⓒ Es tibia.

Investigación y La gran idea
Escribe las respuestas de las preguntas.

TEKS 1.2B, 1.4A, 1.5B

13. Estos dos vasos comenzaron con agua a 25 °C.

Ambos permanecieron al sol durante 30 minutos.

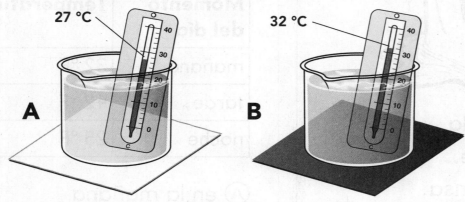

27 °C   A   32 °C   B

a. Identifica el vaso de agua que más se calentó.
¿Cómo lo sabes?

_____

b. ¿Por qué sucedió esto?

_____

_____

TEKS 1.5B

14. El sol ilumina un charco. Predice cómo cambiará el charco. Explica.

_____

_____

_____

Las fuerzas y la energía

La gran idea

Las fuerzas cambian la manera en que los objetos se mueven. Los imanes atraen ciertos objetos y repelen otros. La energía puede hacer que la materia se mueva o cambie.

TEKS 1.2A, 1.2B, 1.2D, 1.3A, 1.3C, 1.6A, 1.6B, 1.6C, 1.6D

campo de golf
en miniatura

Me pregunto por qué

La pelota se mueve cuando la golpeas. ¿Por qué?
Da vuelta a la página para descubrirlo.

121

Por esta razón Una fuerza empuja la pelota y hace que se mueva a una nueva ubicación.

En esta unidad vas a aprender más de La gran idea, las preguntas esenciales y las actividades del Rotafolio de investigación.

Niveles de investigación ■ Dirigida ■ **Guiada** ■ Independiente

Comprueba tu progreso

La gran idea Las fuerzas cambian la manera en que los objetos se mueven. Los imanes atraen ciertos objetos y repelen otros. La energía puede hacer que la materia se mueva o cambie.

Preguntas esenciales

Lección 1 ¿Cómo usamos la energía? 123
Rotafolio de investigación pág. 19 Hacer tostadas/
Mi encuesta sobre la energía

Lección 2 ¿Cómo los imanes mueven los objetos? 135
Rotafolio de investigación pág. 20 Repeler y atraer/
¿Qué imán ganará?

Lección 3 ¿Cómo se mueven los objetos? ... 145
Rotafolio de investigación pág. 21 Carrera de canicas/
Prueba de juguetes

👥 **Personajes en las ciencias: Isaac Newton** 153

Investigación de la Lección 4
¿Cómo movemos una pelota? 155
Rotafolio de investigación pág. 22 ¿Cómo movemos una pelota?

Lección 5 ¿Cómo cambiamos la manera en que se mueven los objetos? 157
Rotafolio de investigación pág. 23 Cambiar el movimiento/
Cambiar la ubicación

S.T.E.M. Ingeniería y tecnología: Volar al cielo 169
Rotafolio de investigación pág. 24: Constrúyelo: Aviones de papel

Repaso de la Unidad 4 171

¡Ya entiendo La gran idea!

Cuaderno de ciencias

No olvides escribir lo que piensas sobre la Pregunta esencial antes de estudiar cada lección.

TEKS 1.6A identifique y discuta cómo las diferentes formas de energía, tales como la energía luminosa, térmica y del sonido, son importantes en la vida diaria

Lección 1

Pregunta esencial

¿Cómo usamos la energía?

Ponte a pensar

Halla la respuesta a la pregunta en la lección.

¿Qué tipo de energía nos permite ver el camión en la noche?

la energía _____

Lectura con propósito

Vocabulario de la lección

1 Ojea la lección.

2 Escribe aquí los 5 términos de vocabulario.

_____   _____   _____

_____   _____

Llena de energía

Usamos la energía todos los días. La **energía** es algo que produce movimiento o cambios en la materia. ¿Dónde se ve la energía funcionando en esta ciudad?

Lectura con propósito

Halla la oración que dice el significado de **energía**. Luego subraya la oración.

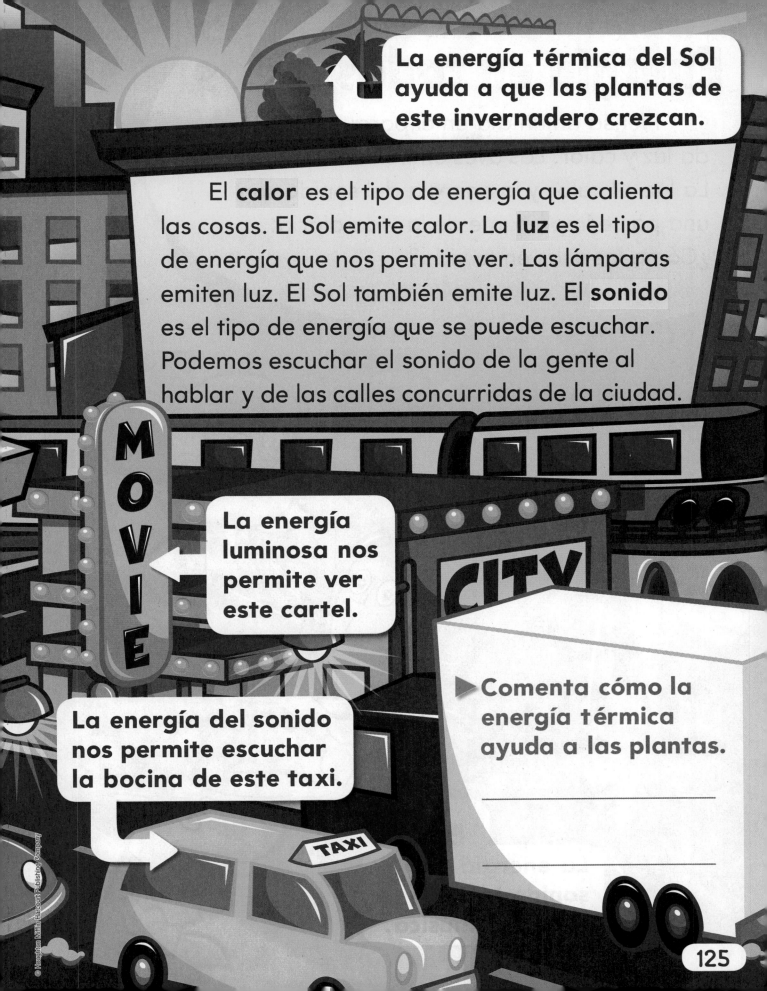

La energía térmica del Sol ayuda a que las plantas de este invernadero crezcan.

El **calor** es el tipo de energía que calienta las cosas. El Sol emite calor. La **luz** es el tipo de energía que nos permite ver. Las lámparas emiten luz. El Sol también emite luz. El **sonido** es el tipo de energía que se puede escuchar. Podemos escuchar el sonido de la gente al hablar y de las calles concurridas de la ciudad.

La energía luminosa nos permite ver este cartel.

La energía del sonido nos permite escuchar la bocina de este taxi.

▶ Comenta cómo la energía térmica ayuda a las plantas.

_____

_____

Energía en todos lados

Piensa en un día en el parque. El Sol da luz y calor. Las aves emiten sonidos. La luz, el calor y la energía del sonido son una parte importante de la vida diaria. ¿Cómo las usas en tu vida?

La energía del sonido te permite escuchar música.

Nombra tres tipos de energía. Identifica y comenta por qué son importantes en la vida diaria.

_____

_____

_____

La energía luminosa te permite ver el parque y el puesto de comidas cuando es de noche.

PERROS CALIENTES

COMIDA

FRESCOS

La energía térmica nos sirve para cocinar alimentos.

La electricidad en casa

Artículos como tostadoras, lámparas y radios convierten la electricidad en calor, luz y sonido. La **electricidad** es el tipo de energía que hace que funcionen las cosas que usamos cada día.

Lectura con propósito

Busca la oración que dice el significado de **electricidad.** Subraya la oración.

▶ Encuentra algo que ilumine la casa y márcalo con una X.

La electricidad sale del tomacorriente y pasa a través de la lámpara.

Tipos de energía

Las cosas que usamos todos los días funcionan con muchos tipos de energía. En estas páginas aparecen varios de estos tipos de energía. Casi todas estas energías sirven para producir electricidad.

En este dique se produce electricidad con el agua.

► **Identifica dos tipos de energía que veas en estas páginas.**

_____

_____

Las turbinas eólicas obtienen energía del viento.

Los paneles solares obtienen energía del Sol.

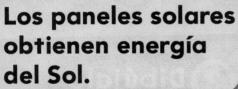

Práctica matemática

Resuelve el problema

Lee el problema. Luego responde la pregunta.

Hay 2 paneles solares en cada casa. ¿Cuántos paneles solares hay en 4 casas?

_____

Resúmelo →

① Rotúlalo

Mira las ilustraciones. Identifica el tipo de energía que usas. Rotúlala.

_____ _____ _____

② Elígelo

Encierra en un círculo la oración que habla sobre la energía luminosa.

La usamos para cocinar los alimentos.

Nos permite ver.

Es una energía que podemos escuchar.

③ Dibújalo

Dibuja una de las maneras en que usas la electricidad.

Ejercita tu mente

Nombre _____

Juego de palabras

Escribe una palabra para cada clave. Halla las palabras en la sopa de letras y responde la pregunta.

1. produce movimiento o cambios en la materia ___ ___ ___ ___ ___ ___ ___

2. tipo de energía que nos permite ver

   ___ ___ ___ ___ ___ ___ ___ ___

3. energía que escuchamos ___ ___ ___ ___ ___ ___

4. tipo de energía que calienta las cosas ___ ___ ___ ___ ___ ___ ___

```
t e q o r s g u a
e y s o n i d o l
n u f r t e r o u
e s v s é b w g m
r o b c r s x u i
g n a e m t u q n
i r b k i f d b o
a e h p c n h o s
k g u b a t z f a
```

¿Qué tipo de energía hace que funcionen muchas de las cosas que usamos? _____

Aplica los conceptos

Lee cada problema. Escribe el tipo de energía que usas para resolverlo.

| térmica | luminosa | del sonido |

Comenta el problema	Identifica la energía que soluciona el problema
Un equipo de fútbol quiere jugar en la noche.	_____
Hace frío en el salón de clases.	_____
Quieres saber si hay alguien en la puerta.	_____

Para la casa

En familia: Pida a su niño que le cuente acerca de la energía. Pregúntele las maneras en las que se usa la energía en casa.

Lección **2**

Pregunta esencial

¿Cómo los imanes mueven los objetos?

Ponte a pensar

Halla la respuesta a la pregunta en la lección.

¿Qué le hace un imán a los objetos de hierro y acero?

Los _____.

Lectura con propósito

Vocabulario de la lección

1 Ojea la lección.

2 Escribe aquí los 4 términos de vocabulario.

_____   _____

_____   _____

Es algo magnético

¿Qué está atrayendo a los clips? Es un imán. El **imán** atrae objetos de hierro o acero. También puede atraer o repeler a otros imanes. Los imanes tienen fuerzas distintas.

Lectura con propósito

Un detalle es un hecho acerca de una idea principal. Subraya un detalle. Dibuja una flecha hasta la idea principal a la que se refiere.

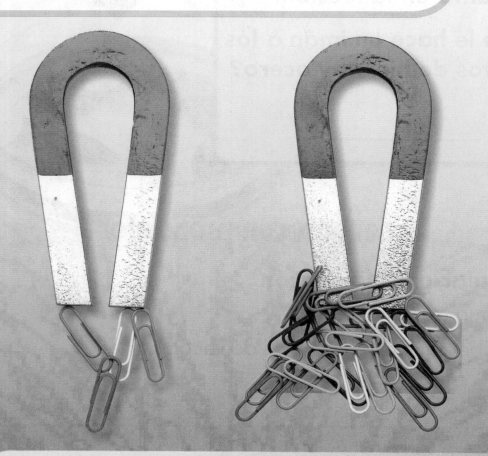

El imán de la derecha es más fuerte. Atrae más que otros imanes.

Los imanes tienen dos polos. Los **polos** son el lugar de mayor atracción. Cada imán tiene un polo **N** y un polo **S**.

polos

▶ **Mira el imán. ¿Dónde es mayor la atracción?**

_____

_____

Juntarse

Los imanes atraen cosas. **Atraer** significa halar algo. Un imán atrae objetos hechos de hierro o acero. El imán puede halar las cosas sin tocarlas.

no atrae

sí atrae

Los polos opuestos se atraen.
Los polos N y S se atraen.

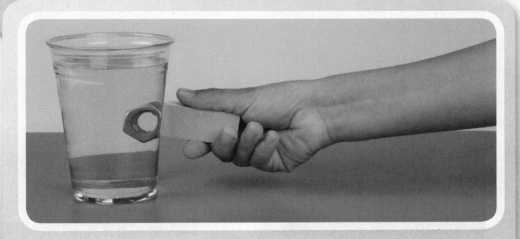

El imán atrae el objeto a través del vaso y el agua sin tocarlo.

▶ **Describe cómo se puede usar un imán para atraer un objeto.**

_____

_____

¡Vete hacia allá!

Los imanes no siempre atraen. Dos imanes podrían repelerse. **Repeler** significa empujar para alejar. Los polos iguales se repelen.

Lectura con propósito

La idea principal es la idea más importante acerca de algo. Subraya dos veces la idea principal.

Los dos polos N y los dos polos S se repelen.

► **Predice cómo este imán podría repeler, o empujar, a otro imán. Dibuja para predecirlo.**

Resúmelo

1 Enciérralo en un círculo

Predice a cuál de los objetos atrae un imán. Enciérralo en un círculo.

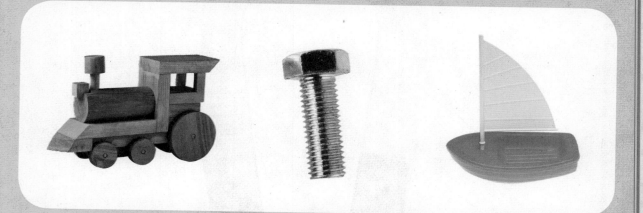

2 Dibújalo

En la primera casilla, dibuja imanes que estén atrayendo. En la segunda casilla, dibuja imanes que estén repeliendo.

Atrayendo	Repeliendo

Nombre _____

Juego de palabras

Lee cada declaración. Escribe tu respuesta en la línea de abajo.

1 Describe lo que hace un imán cuando está atrayendo.

_____

2 Describe lo que hace un imán cuando está repeliendo.

_____

3 Describe los polos de un imán.

_____

Escribe la palabra que se corresponda
con cada conjunto de claves.

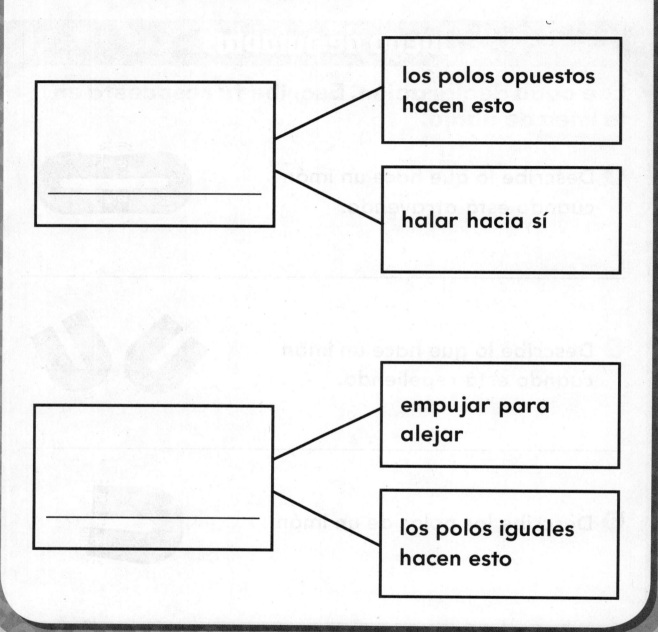

los polos opuestos
hacen esto

halar hacia sí

_____

empujar para
alejar

los polos iguales
hacen esto

En familia: Intente junto con su niño identificar
los objetos de casa que atrae un imán, así
como los objetos que el imán no atraería.

**Para
la casa**

Rotafolio de investigación, pág. 22

Nombre _____

Pregunta esencial

¿Cómo movemos una pelota?

TEKS **1.2A** haga preguntas acerca de organismos, objetos y eventos observados en la naturaleza **1.2B** planifique y lleve a cabo investigaciones descriptivas simples, tales como la manera en que los objetos se mueven **1.2D** anote y organice la información usando dibujos, números y palabras **1.6D** demuestre y anote las maneras en que los objetos se pueden mover, tales como en línea recta, en zigzag, hacia arriba y hacia abajo, hacia atrás y hacia adelante, en círculo, rápida y lentamente

Establece un propósito

Di lo que harás en esta investigación.

_____

Piensa en el procedimiento

❶ ¿Qué tipos de movimiento mostrarás?

_____

_____

❷ ¿Cómo mostrarás el movimiento?

_____

_____

_____

_____

Anota tus datos

Anota lo que hiciste.

Movimiento	Dibujo
en línea recta	
en zigzag	
hacia adelante y hacia atrás	
en círculo	
hacia arriba y hacia abajo	

Saca tus conclusiones

¿Cómo se mueve una pelota? ¿Cómo lo sabes?

_____

_____

Haz más preguntas

¿Qué otras preguntas tienes acerca de cómo se mueven los objetos?

_____

_____

Pregunta esencial

¿Cómo cambiamos la manera en que se mueven los objetos?

🧠 Ponte a pensar

Halla la respuesta a la pregunta en la lección.

¿En qué se parecen empujar un columpio y halar un vagón?

Tanto empujar como halar son

_____.

Lectura con propósito

Vocabulario de la lección

1 Ojea la lección.

2 Escribe aquí los tres términos de vocabulario.

_____ _____

_____

A pura fuerza

¿Por qué se mueve el vagón? La niña lo está empujando. **Empujar** es mover un objeto para alejarlo de ti. El niño hala el vagón. **Halar** es mover un objeto hacia ti.

Empujar y halar son fuerzas. La **fuerza** es lo que hace que un objeto se mueva o se detenga. Cuando la niña y el niño empujan o halan, el vagón comienza a moverse.

▶ **Dibújate empujando algo.**

▶ **Dibújate halando algo.**

Lectura con propósito
Halla la oración que dice el significado de **fuerza**. Luego subraya la oración.

159

El uso de la fuerza

Mira las ilustraciones. ¿Cómo es que la fuerza mueve una pelota? La fuerza cambia la manera en que se mueven los objetos. Puede cambiar la rapidez o la dirección de una pelota.

Cambio de rapidez

La fuerza cambia la rapidez de los objetos. Puede hacer que algo comience a moverse o se detenga. Y puede hacer que algo vaya más rápido o más despacio.

▶ ¿Qué le sucederá a la pelota?

_____

_____

Al patear una pelota haces que se mueva o que vaya más rápido.

Puedes atrapar una pelota para detenerla.

▶ Describe cómo cambia el movimiento de los carros.

1

2

3

1 _____

2 _____

3 _____

Cambiar de ubicación

Los juguetes están en diferentes lugares. Unos están más cerca, o próximos, al camión amarillo. Otros están más alejados.

Cerca, **lejos** y **más alejado** son palabras de ubicación. La ubicación indica dónde está algo. Una fuerza puede mover algo a una ubicación nueva.

Lectura con propósito

Un detalle es un hecho acerca de una idea principal. Subraya un detalle y dibuja una flecha hasta la idea principal a la que se refiere.

El camión verde está cerca del camión amarillo.

Una fuerza lo alejó del camión amarillo.

¿Cuál es tu dirección?

Piensa que estás empujando a un amigo en un columpio. Tu amigo se aleja y luego regresa, o se acerca. Las fuerzas pueden mover cosas hacia ti o lejos de ti. Una fuerza puede acercar o alejar los objetos de ti.

▶ **Explica cómo cambia la dirección de este columpio cuando se mueve.**

_____

_____

_____

¿Por qué se mueven esos vagones?

¡Las montañas rusas son divertidísimas! Suben y bajan, rápido y lento, una y otra vez. Quienes van en el paseo gritan por los cambios de dirección y de rapidez. ¿Por qué se mueven los vagones de las montañas rusas?

Un motor hala la cadena. La cadena hala los vagones hasta la cima de la primera montaña.

La gravedad es la fuerza que hala los vagones hacia abajo. La gravedad atrae todas las cosas hacia la Tierra.

▶ ¿Qué hala los vagones colina abajo?

_____

Resúmelo

① Resuélvelo

Escribe la palabra que resuelve la adivinanza.

Muevo las ruedas
de todos los carros.
Todos los días
empujo o halo.

¿Qué soy?

_____

② Enciérralo en un círculo

Las fuerzas cambian los objetos. Encierra en un círculo los tipos de cambios.

rapidez   color

tamaño   ubicación

forma

③ Rotúlalo

Describe el cambio de ubicación de la pelota. Escribe <u>cerca</u> o <u>lejos</u> bajo cada ilustración.

_____

_____

Nombre _____

Juego de palabras

Completa la carta con estas palabras.

rapidez	empujar	halar
fuerza	cerca	lejos

Querida Jen:

   Ayer, mi hermano y yo jugamos con los trencitos. La máquina _____ los vagones. _____ mi tren. Se movió y quedó _____ de mí y _____ de mi hermano. Mi hermano lanzó el tren colina abajo. ¡La _____ hizo que fuera velozmente! Tomó _____ cuando bajaba. ¡Fue divertido hacer que los trenes se movieran!

   Tu amiga,

   Amy

Aplica los conceptos

Completa la tabla. Escribe una palabra en cada espacio en blanco.

acercar	alejar	ubicación

Causa

Efecto

Fuerza	➤	cambia la _____ de un objeto.
Fuerza	➤	Empuja un columpio y lo _____ de ti.
Fuerza	➤	hace que una pelota se _____. a un bate.

Para la casa

En familia: Pida a su niño que le cuente sobre las fuerzas y el movimiento. Pida que su niño señale ejemplos de empujar y halar, y que le explique cómo esas fuerzas cambian el movimiento.

TEKS 1.3A identifique y explique un problema, tal como encontrar un hogar para una mascota del salón de clases, y proponga una solución con sus propias palabras

S.T.E.M.
Ingeniería y tecnología

Volar al cielo

El primer vuelo

Wilbur y Orville Wright eran hermanos e inventores. Tenían un problema: querían volar un aeroplano. Se les ocurrió una solución. Primero hicieron diseños del aeroplano. Lo construyeron. Luego lo pusieron a prueba. Y después de varios intentos, el aeroplano voló.

Este es uno de los aviones de los hermanos Wright.

Los aviones actuales tienen otro aspecto y tienen más partes.

Partes de un avión

Cada parte de un avión cumple una función. Se eleva porque tiene alas. La cola hace que vuele derecho. Las aspas mueven el avión hacia adelante.

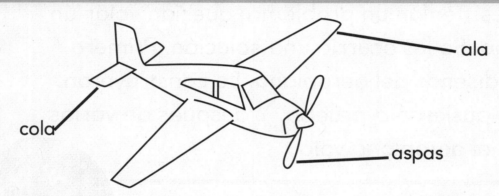

ala

cola

aspas

Mira la ilustración del avión para responder las preguntas.

1. ¿Qué parte hace que el avión vuele derecho? Enciérrala en un círculo.

2. ¿Qué sucedería si faltaran las alas del avión? Explica.

_____

_____

Parte de la base

Construye tus propios aviones de papel. Completa **Construyelo: Aviones de papel** en el Rotafolio de investigación.

Repaso de vocabulario

Completa las oraciones con los términos de la casilla.

> calor
> imán
> movimiento

1. La acción de moverse significa estar en

   _____.

TEKS 1.6A

2. El _____ es el tipo de energía que nos sirve para mantenernos calientes.

TEKS 1.6B

3. Un _____ atrae objetos hechos de hierro o acero.

Conceptos de ciencias

Rellena la burbuja con la letra de la mejor respuesta.

TEKS 1.6D

4. Una pelota pende de una cuerda. Halas la pelota hacia atrás y luego la sueltas. ¿Qué movimiento hace la pelota?

   Ⓐ hacia atrás y hacia adelante

   Ⓑ en círculo

   Ⓒ en línea recta

TEKS 1.6A

5. ¿En cuál oración se identifica una de las maneras en que la energía del sonido es importante?

   Ⓐ Nos permite cocinar los alimentos.

   Ⓑ Nos alerta sobre los peligros.

   Ⓒ Nos da luz para ver de noche.

TEKS 1.6A

6. ¿Qué tipos de energía salen del fuego? Identifícalas.

Ⓐ energía térmica y del sonido

Ⓑ energía luminosa y térmica

Ⓒ energía luminosa y del sonido

TEKS 1.6A

7. ¿Cuál de estos objetos funciona con electricidad?

Ⓐ un bate de béisbol

Ⓑ una lámpara

Ⓒ un marcador

TEKS 1.6C

8. ¿Qué puede hacer una fuerza?

Ⓐ parar un objeto

Ⓑ mover un objeto

Ⓒ mover o parar un objeto

TEKS 1.4A, 1.6B

9. ¿A cuál de estos objetos atrae un imán? Predícelo.

Ⓐ

Ⓑ

Ⓒ

TEKS 1.6D

10. ¿Cuál se mueve en círculo una y otra vez?

Ⓐ un carrusel

Ⓑ un tobogán

Ⓒ un columpio

TEKS 1.6C

11. Puedes describir cómo cambia la ubicación de un objeto. ¿Cómo cambia la ubicación de la pelota cuando el niño la lanza?

Ⓐ La pelota se acerca al niño.

Ⓑ La pelota se aleja del niño.

Ⓒ La pelota se queda en el mismo lugar.

TEKS 1.2A, 1.6D

12. ¿Qué pregunta responde esta ilustración?

Ⓐ ¿Cómo se mueve una pelota?

Ⓑ ¿Quién gana el juego?

Ⓒ ¿Está la pelota llena de aire?

Investigación y La gran idea

Escribe las respuestas a estas preguntas.

TEKS 1.4A, 1.6B

13. Compara los imanes. Describe lo que hacen. ¿Cómo lo sabes?

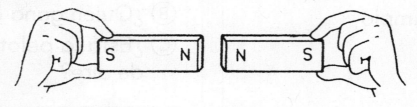

_____

_____

TEKS 1.6C, 1.6D

14. Mira la ilustración.

a. ¿Qué tipo de fuerza se le está aplicando a la pelota? Describe cómo cambiará la ubicación de la pelota.

_____

_____

b. Menciona dos cosas sobre la pelota que la fuerza pueda cambiar.

_____

Los recursos de la Tierra

La gran idea

En la Tierra hay muchos tipos de recursos.

TEKS 1.1C, 1.2A, 1.2B, 1.2D, 1.3A, 1.3C, 1.7A, 1.7B, 1.7C

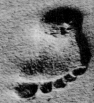

playa arenosa

Me pregunto por qué

Hay que recoger la basura de las playas. ¿Por qué?
Da vuelta a la página para descubrirlo.

Por esta razón La basura le hace daño a la tierra, el agua y los seres vivos de la playa.

En esta unidad vas a aprender más de La gran idea, y a desarrollar las preguntas esenciales y las actividades del Rotafolio de investigación.

Niveles de investigación ■ Dirigida ■ Guiada ■ Independiente

Comprueba tu progreso

La gran idea En la Tierra hay muchos tipos de recursos.

Preguntas esenciales

Lección 1 ¿Qué encontramos en la Tierra? 177
Rotafolio de investigación pág. 25 Sólo agrega agua/
Los recursos a nuestro alrededor

Personajes en las ciencias: George Washington Carver 187

Lección 2 ¿Qué es el suelo? 189
Rotafolio de investigación pág. 26 Equipo de limpieza/
¿Cuánta agua?

Investigación de la Lección 3
¿Qué encontramos en el suelo? 199
Rotafolio de investigación pág. 27 ¿Qué encontramos
en el suelo?

Investigación de la Lección 4
¿En qué se diferencian los suelos? 201
Rotafolio de investigación pág. 28 ¿En qué se diferencian
los suelos?

Lección 5 ¿Dónde se encuentra el agua? 203
Rotafolio de investigación pág. 29 ¿Me pasas la sal?/
Controlar el agua

S.T.E.M. Ingeniería y tecnología: La tecnología y
el medio ambiente 215
Rotafolio de investigación pág. 30 Diséñalo: Un filtro de agua

Lección 6 ¿Cómo podemos ahorrar los recursos? 217
Rotafolio de investigación pág. 31 Hay basura en el césped/
¡Preparado, listo, recicla!

Repaso de la Unidad 5 229

¡Ya entiendo La gran idea!

Cuaderno de ciencias
No olvides escribir lo que piensas sobre la Pregunta esencial antes de estudiar cada lección.

TEKS **1.1C** identifique y aprenda cómo usar los recursos naturales y materiales, incluyendo la conservación y la reutilización o reciclaje de papel, plástico y metal **1.7C** reúna evidencia de cómo las rocas, el suelo y el agua ayudan en la fabricación de productos útiles

Lección **1**

Pregunta esencial

¿Qué encontramos en la Tierra?

Ponte a pensar

Halla la respuesta a la pregunta en la lección.

La Gran Esfinge fue construida hace mucho tiempo.

La construyeron con _____.

Lectura con propósito

Vocabulario de la lección

① Ojea la lección.

② Escribe aquí los 4 términos de vocabulario.

_____ _____

_____ _____

Todo natural

¿Qué cosas usas de la Tierra? Sus recursos naturales. Un **recurso natural** es cualquier cosa de la naturaleza que puedan usar las personas.

Aire

El aire es un recurso natural. Todos respiramos el aire. El viento es aire en movimiento. Este deslizador se mueve con el viento. Un parque eólico transforma el viento en energía útil. Y la energía es lo que alumbra y calienta nuestros hogares.

Lectura con propósito

Subraya dos veces la idea principal.

El agua

Usamos el agua todos los días. La bebemos y nos lavamos con ella. El agua también nos sirve para hacer productos útiles, como el champú. Un **producto** es algo hecho por personas o máquinas para que lo usen otras personas.

Hay agua en este té helado.

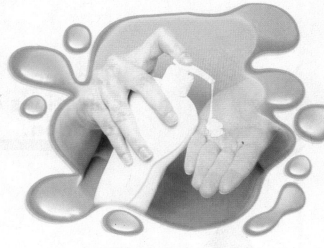

Hay agua en esta loción.

Usamos el agua para cuidar las plantas.

▶ **Identifica un producto hecho con agua. Indica por qué es útil.**

_____

_____

_____

179

Plantas y animales

Las plantas y los animales también son recursos naturales. Nos sirven como alimento. Y nos sirven para hacer la ropa y otras cosas que necesitamos.

▶ **Mira las ilustraciones. Encierra en un círculo el producto que obtenemos de cada planta o animal.**

Hacemos calcetines del algodón.

Hacemos juguetes con la madera de los árboles.

Preparamos alimento con los tomates.

Hacemos un suéter con la lana de la oveja.

Hacemos queso con la leche de la vaca.

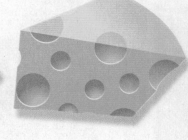

Comemos los huevos que pone la gallina.

Las rocas

Las rocas son un recurso natural. La **roca** es un objeto inerte y duro que proviene de la tierra. Construimos cosas con rocas. Las rocas también pueden usarse para fabricar productos útiles como joyas o sal.

Lectura con propósito

Halla la oración que dice el significado de **roca**. Luego subraya la oración.

casa hecha con rocas

El suelo

El suelo es también un recurso natural. El **suelo** está formado por pedacitos de roca y seres que alguna vez estuvieron vivos. Es la capa superior de la Tierra. Cultivamos las plantas en el suelo. Además, el suelo nos sirve para hacer productos útiles. Los ladrillos con que construimos vienen del suelo.

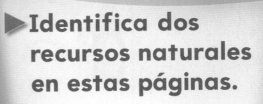

▶ Identifica dos recursos naturales en estas páginas.

_____

① Escríbelo

Resuelve la adivinanza.

¿En qué se parecen una , el y un ?

Todos son _____.

② Enciérralo en un círculo

Encierra en un círculo el producto que está hecho de cada recurso natural.

planta	roca	agua	suelo

Ejercita tu mente

Nombre _____

Juego de palabras

Escribe la palabra que completa cada oración.

suelo	roca	recurso natural

1 Una (_̲)1 _̲ _̲ _̲ es un objeto inerte de la tierra.

2 Puedes usar el _̲ _̲ _̲ _̲ (_̲)2 para cultivar plantas.

3 Un _̲ _̲ (_̲)4 (_̲)3 _̲ _̲ (_̲)6 _̲ _̲ _̲ (_̲)5 _̲ _̲ _̲ _̲ es algo de

la naturaleza que puedes usar.

Usa las letras encerradas en círculos para responder la clave.

Soy algo creado por el hombre o por máquinas para que me usen otras personas.

Soy un p _̲ _̲ d _̲ _̲ _̲ _̲.
     1 2   3 4 5 6

Aplica los conceptos

Identifica los recursos naturales.
Completa el organizador gráfico.

plantas

recursos naturales

En familia: Comente e identifique con su niño cosas de la casa que sean productos hechos de recursos naturales.

Para la casa

Aprende sobre . . .
Dr. George Washington Carver

El Dr. George Washington Carver era científico y trabajaba con los agricultores. Les enseñó cómo sembrar los cacahuates para poder mantener el suelo sano y cultivarlo.

Dato curioso

¡El Dr. Carver inventó el champú de cacahuate!

Una cosa lleva a la otra

El Dr. George Washington Carver estudió agricultura.

Les enseñó a los agricultores cómo enriquecer sus suelos.

Hoy en día hay agricultores de todo el mundo que aplican sus ideas.

▶ **Describe qué hizo el Dr. Carver para ayudar a los agricultores.**

_____

_____

_____

Pregunta esencial

¿Qué es el suelo?

Ponte a pensar

Halla la respuesta a la pregunta en la lección.

¿Para qué usan el suelo las personas?

para _____

Lectura con propósito

Vocabulario de la lección

1 Ojea la lección.

2 Escribe aquí los 5 términos de vocabulario.

_____   _____

_____   _____

_____

Rotafolio de investigación   pág. 26: Equipo de limpieza/¿Cuánta agua?

189

Supersuelo

El **suelo** está compuesto por pedacitos de roca y seres que alguna vez estuvieron vivos. Usamos el suelo para cultivar plantas.

Halla la oración que dice el significado de suelo. Subraya la oración.

El suelo forma una capa en algunas partes de la superficie de la Tierra.

El suelo se forma cuando el viento y el agua rompen las rocas. Los pedacitos de roca forman la base del suelo.

Al mismo tiempo, las plantas y los animales que mueren caen al suelo. Estos seres que alguna vez estuvieron vivos se descomponen en pedacitos. Así, los pedacitos pasan a formar parte del suelo.

El suelo es una mezcla de muchos pedacitos diminutos.

▶ **Mira la ilustración. Describe el color y la textura del suelo.**

_____

_____

Sacar información del suelo

El suelo está compuesto por arena, cieno, arcilla y seres que alguna vez estuvieron vivos. Los suelos son diferentes de acuerdo con la cantidad de cada una de estas cuatro partes que lo componen.

Lectura con propósito

Halla la oración que dice de qué está compuesta la arena. Subraya la oración.

El suelo de las granjas tiene muchos seres que alguna vez estuvieron vivos.

El suelo es una mezcla de estas cuatro partes.

La **arena** está compuesta por pedazos grandes de roca. No retiene bien el agua.

El **cieno** está compuesto por pedazos medianos de roca. Retiene el agua bastante bien.

La **arcilla** está compuesta por pedazos pequeños de roca. La arcilla retiene tan bien el agua que se pone pegajosa.

Los seres que alguna vez estuvieron vivos son pedacitos de plantas y animales muertos. Enriquecen el suelo, es decir, lo hacen bueno para las plantas.

▶ **Encierra en un círculo la parte del suelo que hace que el suelo sea bueno para cultivar plantas.**

En la mezcla

Hay muchos suelos distintos. Pero cada suelo es una mezcla de cosas. La mezcla otorga a cada suelo propiedades diferentes. Una **propiedad** es una parte que explica cómo es algo. La tabla a la derecha muestra algunas propiedades del suelo.

Lectura con propósito

Las palabras clave te sirven para descubrir diferencias entre las cosas. **Pero** y **diferentes** son palabras clave. Encierra estas palabras en un cuadrado.

El rico suelo de esta huerta es marrón oscuro.

► **Compara y describe las partes del suelo.**
Escribe rótulos para completar la tabla.

Color El color del suelo viene de las rocas que contiene. El suelo puede ser de color naranja, gris, marrón claro e incluso amarillo.

rojo _____ negro

Tamaño de los pedazos de roca Hay pedazos de roca de diferentes tamaños. La arcilla tiene pedacitos pequeños. La arena tiene pedazos grandes.

pequeños medianos _____

Textura El tamaño y la forma de los pedazos de roca hacen que los suelos sean diferentes.

_____ arenoso grumoso

Cantidad de seres que alguna vez estuvieron vivos Los seres que alguna vez estuvieron vivos hacen que el suelo sea rico. El suelo rico es bueno para las plantas.

pocos _____ muchos

Resúmelo

1 Escríbelo

Enumera las cuatro partes que componen el suelo.

_____

_____

_____

_____

2 Ordénalo

Escribe 1, 2 y 3 para ordenar cómo una planta se hace suelo.

___ Comienza a romperse en pedacitos.

___ La planta muere y cae al suelo.

___ Los pedacitos se reducen y se hacen parte del suelo.

3 Dibújalo

Dibuja un suelo que tenga estas propiedades.

marrón claro   pedazos grandes de roca   arenoso
pocos seres que alguna vez estuvieron vivos

¡Excávalo!

🧠 Ejercita tu mente

Nombre _____

Juego de palabras

Observa y compara las partes del suelo. Une cada parte con su descripción. Escribe un detalle sobre el tamaño de los pedazos de roca.

arena

> **Retiene tan bien el agua que se pega a ella.**
>
> _____
>
> _____

cieno

> **No retiene bien el agua.**
>
> _____
>
> _____

arcilla

> **Retiene el agua bastante bien.**
>
> _____
>
> _____

Completa la tabla. Describe cómo se forma el suelo.

Cómo se forma el suelo

> _(espacio para respuesta)_

↓

> _(espacio para respuesta)_

↓

Todos los pedazos se mezclan y forman el suelo.

Para la casa

En familia: Camine con su niño por los alrededores de su casa para observar el suelo. Pida a su niño que describa y compare las partes del suelo.

Rotafolio
de investigación,
pág. 27

Nombre _____

Pregunta esencial

¿Qué encontramos en el suelo?

TEKS 1.2A haga preguntas acerca de organismos, objetos y eventos observados en la naturaleza 1.2B planifique y realice investigaciones descriptivas simples, tales como la manera en que los objetos se mueven 1.2D anote y organice la información usando dibujos, números y palabras 1.7A observe, compare, describa y clasifique los componentes del suelo por tamaño, textura y color

Establece un propósito

Explica qué quieres descubrir.

_____

_____

Piensa en el procedimiento

❶ ¿Qué instrumentos tienes?

_____

❷ Explica la manera en que usarás un instrumento para separar las partes del suelo.

_____

_____

© Houghton Mifflin Harcourt Publishing Company

Anota tus datos

Dibuja y rotula las partes de tu muestra de suelo.

Saca conclusiones

¿Qué partes componen tu suelo?

Haz más preguntas

¿Qué otras preguntas puedes hacer sobre el suelo?

TEKS **1.2A** haga preguntas acerca de organismos, objetos y eventos observados en la naturaleza **1.2B** planifique y lleve a cabo investigaciones descriptivas simples, tales como la manera en que los objetos se mueven **1.2D** anote y organice la información usando dibujos, números y palabras **1.7A** observe, compare, describa y clasifique los componentes del suelo por tamaño, textura y color

Nombre_____

Pregunta esencial

¿En qué se diferencian los suelos?

Establece un propósito

Di lo que quieres descubrir.

_____

Piensa en el procedimiento

❶ ¿Cuántas muestras de suelo vas a comparar?

_____

❷ Menciona las propiedades que observarás del suelo.

_____

_____

_____

Anota tus datos

Describe y clasifica las partes del suelo. Dibuja y escribe para anotar lo que observes.

Propiedad	Muestra de suelo 1	Muestra de suelo 2
Color		
Textura		
Tamaño de los pedacitos		

Saca tus conclusiones

Compara. ¿En qué se parecen y en qué se diferencian las muestras de suelo?

_____

_____

Haz más preguntas

¿Qué otras preguntas harías sobre las distintas partes del suelo?

_____

_____

Lección 5

Pregunta esencial

¿Dónde se encuentra el agua?

Ponte a pensar

Halla la respuesta a la pregunta en la lección.

¿Qué parte de la superficie de la Tierra está cubierta por agua?

_____

Lectura con propósito

Vocabulario de la lección

1 Ojea la lección.

2 Escribe aquí los 4 términos de vocabulario.

_____   _____

_____   _____

Tan dulce

La mayoría de las plantas y los animales necesitan agua dulce. Los seres humanos también necesitan agua dulce. El agua dulce no tiene sal y se encuentra en muchos lugares.

Arroyos

Un **arroyo** es un cuerpo pequeño de agua corriente.

Ríos

Algunos arroyos desembocan en ríos. Un **río** es un cuerpo grande de agua corriente.

▶ Observa las fotos. Identifica los tres cuerpos de agua. Encierra sus nombres en un círculo. Subraya las oraciones que los describen.

Lagos

Un **lago** es un cuerpo de agua dulce rodeado completamente por tierra. El agua de un lago no fluye.

Tan salada

El agua también se encuentra en los océanos. Cada **océano** es un cuerpo grande de agua salada. La mayor parte del agua de la Tierra está en los océanos.

Lectura con propósito

Un detalle es un hecho acerca de la idea principal. Subraya un detalle. Dibuja una flecha hasta la idea principal a la que se refiere.

▶ **Identifica el cuerpo de agua que ves en la página. Encierra su nombre en un círculo. Escribe una oración para describir el cuerpo de agua.**

_____

surfista en el océano

Alrededor de $\frac{3}{4}$, o tres cuartas partes, de la Tierra están cubiertas de agua. El resto está cubierto de tierra.

Este círculo es un modelo del agua y la tierra que cubren el planeta Tierra. Está dividido en 4 partes. Colorea las partes para mostrar la cantidad de agua que hay en la Tierra.

Ahora observa el círculo. ¿Cuántas partes del planeta están cubiertas de tierra?

Respuesta: _____

207

Agua maravillosa

Todos los seres vivos necesitan agua. Las plantas, los animales y las personas la necesitan para estar sanos.

Lectura con propósito

La idea principal es la idea más importante acerca de algo. Subraya dos veces la idea principal.

La gente bebe agua.

Los animales beben agua.

© Houghton Mifflin Harcourt Publishing Company (bkgd) ©Paul A. Souders/Corbis; (bl) ©PatitucciPhoto/Getty Images; (br) ©Frans Lanting/Corbis

¡Cuida el agua de la Tierra!

El agua fluye a través de este dique.

Debemos proteger el agua y mantenerla limpia.

Sigue estos consejos para colaborar.

1. Gasta menos agua en las bañeras y las duchas.
2. Arregla las cañerías o las llaves que gotean.
3. ¡Pon la basura en los cubos de basura! Nunca tires basura al agua.

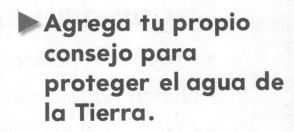

▶ **Agrega tu propio consejo para proteger el agua de la Tierra.**

_____

_____

_____

Las plantas también necesitan agua.

¡Lánzate con seguridad!

Seguridad en el agua

- Aprende a nadar.
- Nunca nades solo.
- Observa el estado del tiempo.
- Ponte el chaleco salvavidas cuando navegues.
- No te zambullas en aguas poco profundas.
- En caso de emergencia, llama al 911.

¿Has estado en una piscina, en una playa o en un lago? ¿Fuiste a nadar? ¿Navegaste en bote? ¿Qué hiciste por tu seguridad?

▶ **Haz una lista de lo que hiciste para protegerte en el agua o cerca de ella.**

_____

_____

_____

_____

_____

_____

Resúmelo →

1 Rotúlalo

**Identifica cada cuerpo de agua.
Rotula cada ilustración.**

arroyo   lago   río   océano

_____ _____ _____ _____

2 Dibújalo

**¿Qué hay que hacer para estar seguros
en el agua? Dibújalo en la ilustración.**

Nombre _____

Juego de palabras

Completa los espacios. Describe el agua con estas palabras.

| océano | lago | recurso | arroyo | cuerpo | dulce |

El agua es un __ Ⓞ __ __ __ __ __ natural.

Los lagos tienen agua __ __ Ⓞ __ __ .

El Ⓞ __ __ __ __ __ es un cuerpo pequeño de agua corriente.

El agua de un __ __ Ⓞ __ no fluye.

El río es un __ Ⓞ __ __ __ __ grande de agua corriente.

El __ __ __ Ⓞ __ __ __ tiene agua salada.

Ahora, usa las letras encerradas en un círculo para completar la siguiente oración.

¡ __ __ __ __ __ __ nos sirve de muchas maneras!

213

Aplica los conceptos

Escribe tu respuesta a cada pregunta.

1 ¿Por qué necesitamos agua?

_____

_____

_____

2 ¿Cómo podemos estar seguros en el agua?

• _____

• _____

• _____

• _____

Para la casa

En familia: Identifique junto con su niño los distintos usos del agua. Luego, trabaje con su niño para identificar las maneras de ahorrar el agua de casa.

TEKS 1.3A identifique y explique un problema, tal como encontrar un hogar para una mascota del salón de clases, y proponga una solución con sus propias palabras

S.T.E.M.
Ingeniería y tecnología

La tecnología y el medio ambiente

Las represas

Una represa es una pared que se construye de un lado a otro en un río. Así se disminuye el flujo de agua. Las represas son útiles. Sirven para surtir agua para beber y para los cultivos. También sirven para controlar inundaciones.

Las represas también pueden hacerle daño al medio ambiente. Los peces, como el salmón, no pueden migrar a través de ciertas represas. Cuando se construye una represa, hay animales que pierden su hogar.

Utilidad y daño

¿De qué manera son útiles las represas? ¿De qué manera son dañinas las represas? Completa la tabla con tus ideas.

Efectos de una represa	
Utilidad	**Daño**
_____	_____
_____	_____
_____	_____
_____	_____
_____	_____
_____	_____

Parte de la base

Aprende más sobre el agua y la tecnología. Completa **Diséñalo: Un filtro de agua** en el Rotafolio de investigación.

TEKS **1.1C** identifique y aprenda cómo usar los recursos naturales y materiales, incluyendo la conservación y la reutilización o reciclaje de papel, plástico y metal

Lección **6**

Pregunta esencial

¿Cómo podemos ahorrar los recursos?

Ponte a pensar

Halla la respuesta a la pregunta en la lección.

Para este tipo de arte se utilizan cosas viejas para hacer algo nuevo. ¿Cómo ayuda esto a la Tierra?

Produce menos

_____.

Lectura con propósito

Vocabulario de la lección

❶ Ojea la lección.

❷ Escribe aquí los 5 términos de vocabulario.

_____ _____

_____ _____

_____

Rotafolio de investigación   pág. 31: Hay basura en el césped/¡Preparado, listo, recicla!

217

© Houghton Mifflin Harcourt Publishing Company · © Andrea Jones/Alamy

¡Qué desperdicio!

La **polución** son los desperdicios que le hacen daño a la tierra, al agua y al aire. Es capaz de enfermar a seres humanos y animales. Las plantas también pueden enfermarse. Es peligroso beber agua con polución. La polución también ensucia el aire. Es peligroso respirar aire sucio. Todos necesitamos recursos limpios.

Lectura con propósito

Halla la oración que dice el significado de **polución.** Subraya la oración.

▶ Dibuja un círculo en el aire con polución. Marca con una X la tierra con polución. Dibuja una casilla en el agua con polución.

Soluciones para evitar la polución

Todos podemos ayudar a mantener limpia la tierra, el agua y el aire. Se puede colocar la basura en los cestos de basura. Y evitar arrojar desperdicios al agua. Se puede usar menos los carros para que el aire se mantenga limpio.

La **conservación** es una manera de proteger los recursos naturales y los materiales. Cuando conservas algo, usas menos.

▶ **Observa las ilustraciones de cada hilera. Escribe <u>tierra</u>, <u>agua</u> o <u>aire</u> para completar cada oración.**

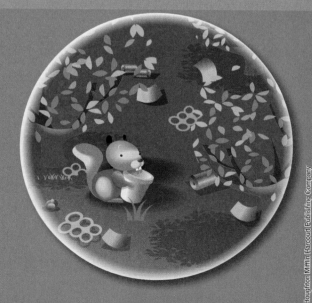

220

La gente monta en bicicleta. Esto mantiene limpio _____.

La gente no arroja desperdicios a los ríos. Esto mantiene limpia _____.

La gente coloca la basura en cestos de basura. Esto mantiene limpio _____.

¡Cuidados para la Tierra!

Puedes aprender a reducir, reutilizar y reciclar los recursos naturales y los materiales. Esto produce menos basura.

Reducir es usar menos cantidad de algo. Si cerramos la llave, usamos menos agua.

Reutilizar es volver a usar algo. Podemos hacer un portalápices de una lata para reutilizarla.

Reciclar es usar cosas viejas para hacer cosas nuevas. Puedes reciclar el plástico de las botellas para hacer algo nuevo.

Lectura con propósito

Los efectos nos dicen qué sucede. Subraya dos veces un efecto de **reducir, reutilizar** y **reciclar.**

▶ Comenta la ilustración. Escribe
reducir, **reutilizar** o **reciclar.**

_____

_____

Tan bueno como si fuera nuevo

¿Alguna vez usaste una camiseta hecha de botellas de plástico? ¿Alguna vez reutilizaste un envase de leche para convertirlo en un comedero para aves? El metal de las latas puede reciclarse para hacer un bate de béisbol nuevo. Una lata de metal también puede reutilizarse como semillero. El papel también puede reutilizarse y reciclarse.

▶ **Empareja cada objeto de la izquierda con el objeto de la derecha en que se convierte.**

1 envase de leche

2 periódico

3 latas

juego del patio

grulla de papel

bate

Práctica matemática

Resuelve el problema.

Resuelve este problema.

Para hacer 1 camiseta se necesitan 5 botellas de plástico.

¿Cuántas camisetas se hacen con 10 botellas de plástico?

_____ camisetas

Resúmelo

① Dibújalo

Haz un dibujo de tierra con polución.
Haz un dibujo de agua con polución.

tierra

agua

② Emparéjalo

Dibuja una línea hasta la palabra a la que se refiere cada ilustración.

reciclar

reducir

reutilizar

Nombre _____

Juego de palabras

Completa la carta con estas palabras.

polución   reducir   reutilizar   reciclar   conservación

Querido Ben:

Me acabo de hacer miembro de un club. _____ lo que hacemos en papel para convertirlo en otras cosas. También intentamos _____ latas para hacer portalápices. Es una gran idea apagar las luces cuando salimos de una habitación. Esto ayuda a _____ el uso de los recursos. La _____ es otra manera de proteger nuestros recursos.

Pronto recogeremos la basura del parque. La _____ podría hacerles daño a los seres vivos de allí. ¡Vayamos juntos al parque!

Tu amigo,
Ming

Aplica los conceptos

Escribe una palabra de la casilla para completar los espacios en blanco.

| reducir | reutilizar | reciclar |

Causa

Hice un florero al _____ una botella.

Efecto

Produzco menos basura.

Intento _____ todas las latas.

Las latas viejas sirven para hacer macetas nuevas.

Cierro la llave mientras me cepillo los dientes.

Así ayudo a _____ la cantidad de agua que uso.

En familia: Trabaje con su niño para identificar los objetos domésticos que se pueden reciclar o reutilizar. Busque maneras de reducir el uso de recursos en su casa.

Para la casa

Repaso del vocabulario

Completa las oraciones con los términos de la casilla.

> océano
> producto
> reciclar

TEKS 1.1C

1. Al _____ papel, usas papel viejo para hacer papel nuevo.

TEKS 1.7B

2. Un _____ es un cuerpo grande de agua salada.

TEKS 1.7C

3. Un ladrillo es un _____ que está hecho de suelo.

Conceptos de ciencias

Rellena la burbuja con la letra de la mejor respuesta.

TEKS 1.2B, 1.7A

4. Nick realiza una investigación. Observa que un suelo es suave y otro es grumoso. ¿Qué propiedad del suelo observó Nick?

   Ⓐ el color

   Ⓑ la textura

   Ⓒ el tamaño de los pedacitos de roca

TEKS 1.7B

5. ¿Qué cuerpo de agua está rodeado de tierra? Identifícalo.

   Ⓐ un lago

   Ⓑ un río

   Ⓒ un arroyo

TEKS 1.7C

6. ¿Cómo ayuda el suelo de este jardín a hacer productos útiles?

Ⓐ Permite hacer estatuas.

Ⓑ Permite hacer joyas.

Ⓒ Permite cultivar alimentos para comer.

TEKS 1.7A

7. ¿De qué está hecho el cieno?

Ⓐ pedacitos grandes de roca

Ⓑ pedacitos medianos de roca

Ⓒ pedacitos pequeños de roca

TEKS 1.7A

8. ¿Por qué los suelos tienen diferente color?

Ⓐ Reciben diferente cantidad de lluvia.

Ⓑ Contienen diferentes materiales.

Ⓒ Retienen diferente cantidad de agua.

TEKS 1.7C

9. El agua puede ayudar a fabricar productos útiles. ¿Cuál de estos productos incluye agua?

Ⓐ

CHAMPÚ

Ⓑ

Ⓒ

TEKS 1.2C, 1.7A

10. Tim usa instrumentos para separar el suelo en partes. ¿Qué instrumento puede usar?

Ⓐ una balanza

Ⓑ una criba

Ⓒ un termómetro

TEKS 1.2C, 1.4A, 1.7A

11. Jill quiere observar el tamaño de los pedacitos de roca de este suelo. ¿Qué instrumento debe usar?

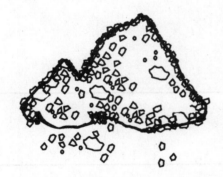

Ⓐ una balanza

Ⓑ una lupa

Ⓒ un termómetro

TEKS 1.1C

12. Este comedero de aves está hecho con un envase plástico de leche.

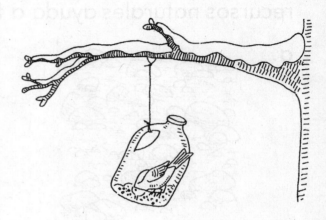

¿Qué palabra describe cómo se usa el envase de leche?

Ⓐ reciclar

Ⓑ reducir

Ⓒ reutilizar

Investigación y La gran idea
Escribe las respuestas de las preguntas.

TEKS 1.7C

13. Describe una manera en la que cada uno de estos recursos naturales ayuda a fabricar productos útiles.

a.

_____

b.

_____

_____

TEKS 1.1C

14. Describe cómo puedes reutilizar algo en casa o en la escuela. ¿Cómo ayuda al medio ambiente aprender a reutilizar algo?

_____

_____

El estado del tiempo y las estaciones del año

estado del tiempo
de invierno

La gran idea

El estado del tiempo cambia de un día a otro y de estación del año a estación del año. Hay varios instrumentos que sirven para medir el estado del tiempo.

TEKS 1.2A, 1.2B, 1.2D, 1.3A, 1.3B, 1.3C, 1.8A, 1.8C, 1.8D

Me pregunto por qué

Los carámbanos se forman en invierno. ¿Por qué?
Da vuelta a la página para descubrirlo.

Por esta razón El aire en invierno es frío. El agua líquida se congela por el aire frío y se pone sólida.

En esta unidad vas a aprender más sobre La gran idea, y a desarrollar las preguntas esenciales y las actividades del Rotafolio de investigación.

Niveles de investigación ■ Dirigida ■ **Guiada** ■ Independiente

Comprueba tu progreso

La gran idea El estado del tiempo cambia de un día a otro y de estación del año a estación del año. Hay varios instrumentos que sirven para medir el estado del tiempo.

Preguntas esenciales

Lección 1 ¿Qué es el estado del tiempo? 235
Rotafolio de investigación pág. 32 ¿Frío o calor?/
Taller de mangas de viento

Investigación de la Lección 2 ¿Qué observamos acerca del estado del tiempo? 247
Rotafolio de investigación pág. 33 ¿Qué observamos acerca del estado del tiempo?

Personajes en las ciencias: June Bacon-Bercey 251

Lección 3 ¿Qué son las estaciones del año? 253
Rotafolio de investigación pág. 34 Cómo se mantiene el calor/Voltea una hoja nueva

S.T.E.M. Ingeniería y tecnología:
El saber del estado del tiempo 265
Rotafolio de investigación pág. 35 Constrúyelo: Pluviómetro

Repaso de la Unidad 6 267

¡Ya entiendo La gran idea!

Cuaderno de ciencias

No olvides escribir lo que piensas sobre la Pregunta esencial antes de estudiar cada lección.

TEKS **1.8A** anote información sobre el estado del tiempo, incluyendo la temperatura relativa, como el calor o el frío, despejado o nublado, calmado o con viento y lluvioso o helado
1.8D demuestre que el aire nos rodea y observe que el viento es aire en movimiento

Lección **1**

Pregunta esencial

¿Qué es el estado del tiempo?

Ponte a pensar

Halla la respuesta a la pregunta en la lección.

Por lo general, los arcoíris vienen después del tiempo lluvioso. ¿Qué instrumento te serviría para medir la cantidad de lluvia?

_____

Lectura con propósito

Vocabulario de la lección

1 Ojea la lección.

2 Escribe aquí los 4 términos de vocabulario.

_____   _____

_____   _____

El estado del tiempo

Mira por la ventana. ¿Salió el sol? ¿El aire está cálido o frío? ¿Hay nubes? ¿Sientes algo de viento? El **viento** es el aire que se mueve.

El **estado del tiempo** es el estado del aire libre. El tiempo puede cambiar durante el día. También puede cambiar de un día a otro y de un mes a otro.

Lectura con propósito

Un detalle es un hecho acerca de una idea principal. Subraya un detalle. Dibuja una flecha hasta la idea principal a la que se refiere.

¿Está nuboso o soleado?

¿Está ventoso o calmo?

¿Está caluroso o frío?

¿Está lluvioso o helado?

¿Está nuboso o despejado?

▶**Anota la información sobre el estado del tiempo. Lee las leyendas. Encierra en un círculo la palabra que describe el estado del tiempo de cada foto.**

¡Mídelo!

Puedes medir el estado del tiempo con instrumentos. El termómetro es un instrumento que mide la temperatura. La **temperatura** es la medida que muestra qué tan caliente o frío está algo. Se mide en grados.

Lectura con propósito

Halla la oración que dice el significado de **temperatura**. Subraya la oración.

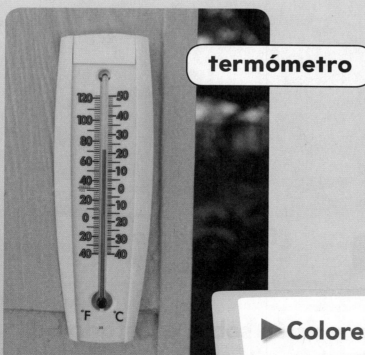

termómetro

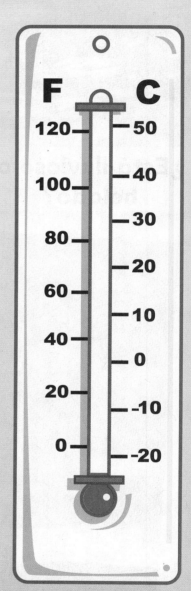

▶ **Colorea el termómetro para mostrar 80 °F.**

La lluvia, la nieve, la aguanieve y el granizo son formas de agua que caen del cielo. El pluviómetro es un instrumento que mide qué cantidad de agua cae.

pluviómetro

pulgadas

5
4
3
2
1

▶ **Colorea la lluvia del pluviómetro para mostrar que cayeron tres pulgadas de lluvia.**

A los cuatro vientos

El aire se mueve a nuestro alrededor.
¿Cómo sabes en qué dirección se mueve?
¿Cómo sabes a qué velocidad se mueve?
Puedes usar instrumentos para observar el
viento. La **manga de viento** es un instrumento
que indica la dirección del viento.

**Es un día ventoso.
La manga de viento
está llena de aire.**

Este instrumento mide la velocidad del viento.

La veleta indica la dirección en la que sopla el viento.

▶**Observa que el viento es aire en movimiento. ¿Qué hace que la manga de viento se mueva?**

_____

_____

Predícelo

Los científicos observan y llevan registros del estado del tiempo por períodos. Buscan los cambios del estado del tiempo y utilizan instrumentos para saber qué tiempo podría hacer. Los científicos aplican lo que saben para hacer reportes del estado del tiempo. Los reportes del estado del tiempo son muy útiles. Al conocerlos nos preparamos para el tiempo que se avecina.

satélite climático

Práctica matemática

Compara los números

lunes	martes	miércoles

50 °F	40 °F	45 °F

Con estos instrumentos observamos y llevamos registros del estado del tiempo.

estación meteorológica

globo meteorológico

Observa las temperaturas de la izquierda. Escribe una de ellas en la casilla vacía de abajo. Escribe >, < o = para comparar los dos números.

45 °F   _____ °F

Resúmelo ✓

① Dibújalo

Mira por la ventana. Dibuja para mostrar el estado del tiempo que observas.

② Enciérralo en un círculo

Encierra en un círculo la ilustración que muestra que el viento es aire en movimiento.

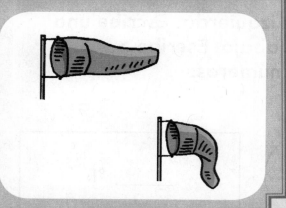

③ Emparéjalo

Empareja las palabras con las ilustraciones.

pluviómetro

termómetro

Nombre _____

Juego de palabras

Escribe la palabra que completa la oración.

| viento | tiempo | manga de viento | temperatura |

1. motpei

   El __ __ __ __ __ __ es el estado del aire afuera.

2. uaeratpmret

   La __ __ __ __ __ __ __ __ __ __ __ es qué tan caliente o frío está algo.

3. noitev

   El aire que se mueve se llama __ __ __ __ __ __.

4. tagevmndoiae

   La __ __ __ __ __ __ __ __ __ __ __ __ __ es un instrumento que muestra la dirección del viento.

Aplica los conceptos

Escribe una palabra de la casilla para completar los espacios en blanco

frío	ventoso	soleado	caluroso

Observación	Inferencia
Los niños nadan en el lago.	El día está _____.
Los árboles se mueven hacia atrás y hacia adelante.	El día está _____.
La gente viste abrigos calientes.	El día está _____.
La gente lleva gafas de sol.	El día está _____.

Para la casa

En familia: Mire el pronóstico del tiempo con su niño. Juntos predigan el estado del tiempo para la semana entrante. Pida a su niño que lleve un registro del estado de tiempo durante la semana.

Rotafolio
de investigación,
pág. 33

TEKS **1.2A** haga preguntas acerca de ... eventos observados en la naturaleza **1.2B** planifique y lleve a cabo investigaciones descriptivas simples ... **1.2D** anote y organice la información usando dibujos, números y palabras **1.3B** haga predicciones basadas en patrones observables **1.8A** anote información sobre el estado del tiempo, incluyendo la temperatura relativa, como el calor o el frío, despejado o nublado, calmado o con viento y lluvioso o helado

Nombre _____

Pregunta esencial

¿Qué observamos acerca del estado del tiempo?

Establece un propósito

Di lo que quieres descubrir.

_____

_____

Piensa en el procedimiento

❶ ¿Cuándo observarás el estado del tiempo?

_____

_____

❷ ¿Qué observarás?

_____

_____

Anota tus datos

Pega tarjetas ilustradas en la tabla para anotar el estado del tiempo.

El estado del tiempo durante esta semana

lunes	martes	miércoles	jueves	viernes

Saca tus conclusiones

¿En qué se parece el tiempo de un día a otro?
¿En qué se diferencia el tiempo de un día a otro?

_____

_____

¿Cómo hiciste tu predicción?

_____

Haz más preguntas

¿Qué otras preguntas harías sobre el estado del tiempo?

_____

Tarjetas ilustradas

Recorta las tarjetas del estado del tiempo.

despejado	despejado	despejado	despejado	despejado
nuboso	nuboso	nuboso	nuboso	nuboso
lluvioso	lluvioso	lluvioso	lluvioso	lluvioso
helado	helado	helado	helado	helado
caluroso	caluroso	caluroso	caluroso	caluroso
frío	frío	frío	frío	frío
ventoso	ventoso	ventoso	ventoso	ventoso
calmo	calmo	calmo	calmo	calmo

4 cosas que debes saber sobre June Bacon-Bercey

1 June Bacon-Bercey es meteoróloga.

2 Fue la primera meteoróloga de la televisión.

3 Con el dinero que ganó, June apoyó a otras mujeres para que se hicieran meteorólogas.

4 Disfruta la enseñanza.

El conocedor de palabras

▶ **Halla las palabras del estado del tiempo en esta sopa de letras. Encierra en un círculo cada palabra que encuentres.**

tornado	huracán	rayo	trueno	tormenta	nevisca

```
t  o  r  m  e  n  t  a  p  j
m  r  o  t  b  v  o  d  l  h
n  z  v  i  e  z  r  q  s  u
e  d  g  m  d  j  n  l  b  r
v  c  f  j  m  r  a  y  o  a
i  o  z  l  g  s  d  x  c  c
s  t  r  u  e  n  o  v  q  a
c  q  w  e  r  t  y  u  i  n
a  a  s  d  f  h  b  j  z  s
q  s  e  d  r  t  f  y  n  i
```

Pregunta esencial

¿Qué son las estaciones del año?

Ponte a pensar

Halla la respuesta a la pregunta en la lección.

¿En qué estación del año hay muchos árboles sin hojas?

_____

Lectura con propósito

Vocabulario de la lección

1 Ojea la lección.

2 Escribe aquí los 2 términos de vocabulario.

_____   _____

De primavera en primavera

Cada **estación del año** es una época del año. La primavera, el verano, el otoño y el invierno son las cuatro estaciones del año. Forman un patrón que se repite.

El tiempo cambia con cada estación del año. Estos cambios forman un patrón del tiempo. El **patrón del estado del tiempo** es un cambio de estado del tiempo que se repite.

Lectura con propósito

Halla la oración que dice el significado de **estación del año.** Subraya la oración.

En la primavera se plantan flores.

En primavera el aire es cálido.
Hay muchísimos días lluviosos. Las plantas
comienzan a crecer. A los árboles les crecen
hojas nuevas. Y la gente sale con abrigos
livianos.

▶ **Identifica cómo es la primavera.**

_____

_____

_____

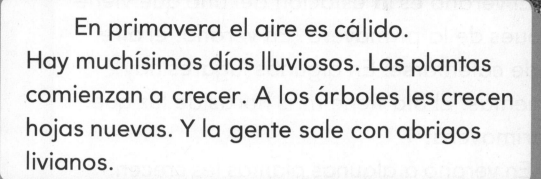

Ciertos animales tienen sus crías en primavera.

Verano soleado

El verano es la estación del año que viene después de la primavera. En verano, el aire puede calentarse. En algunos lugares hay tormentas. El día tiene más horas de luz que en primavera.

En verano a algunas plantas les crecen frutos. Los animales jóvenes crecen más. La gente se pone ropa fresca. Se ponen sombreros y gafas de sol para protegerse del sol.

▶ **Dibújale un objeto a la persona adulta para protegerla del sol.**

En verano la gente sale en canoas.

▶ **Haz un dibujo para mostrar cómo se ve la mayoría de los árboles en verano.**

El pelaje de esta liebre es marrón en verano. El pelaje marrón permite que la liebre se esconda.

De otoño en otoño

El otoño es la estación del año que viene después del verano. El aire se pone más frío. El día tiene menos horas de luz que en verano.

Las hojas cambian de color y se caen de los árboles. Ciertos animales se van a lugares más cálidos. La gente se pone abrigos para mantener el calor.

Lectura con propósito

Un detalle es un hecho acerca de una idea principal. Subraya un detalle. Dibuja una flecha hasta la idea principal a la que se refiere.

En otoño la gente rastrilla las hojas.

▶ **Haz un dibujo para mostrar cómo se ven los árboles en otoño.**

Ciertos animales buscan alimento que almacenan para el invierno.

Tiempo de invierno

El invierno es la estación del año que viene después del otoño. En algunos lugares, el aire se enfría. Incluso cae nieve. El invierno tiene los días con la menor cantidad de horas de luz.

A muchos árboles se les caen las hojas en invierno. A algunos animales les crece más pelaje para mantener el calor. La gente se pone abrigos gruesos para salir. En pocos meses regresará la primavera.

▶ **Dibújale ropa de invierno a la persona que no está vestida para la estación.**

En invierno jugamos con nieve.

Podemos hacer predicciones con base en los patrones que has observado. Las estaciones del año forman un patrón. Predice qué estación del año viene después del invierno.

_____

El pelaje de la liebre se puso blanco. Así la liebre puede esconderse en la nieve.

Resúmelo

1 Resuélvelo

Resuelve la adivinanza.

Soy una época
de un año,
cualquiera.
Soy verano, otoño,
invierno o
primavera.
Soy una _____.

2 Dibújalo

Dibuja una actividad que puedas hacer en primavera.

3 Emparéjalo

Empareja cada palabra con su ilustración.

verano

invierno

otoño

Nombre _____

Juego de palabras

Completa el crucigrama con estas palabras.

estación	patrón del tiempo	invierno
primavera	verano	otoño

Horizontales

1. estación del año que viene después de otoño

2. estación que viene después de primavera

3. estación que viene después de verano

Verticales

4. época del año

5. estación que viene después de invierno

6. cambio en el estado del tiempo que se repite

Aplica los conceptos

Identifica cómo son las estaciones del año. Tacha las cosas que <u>no</u> pertenecen en cada ilustración.

Para la casa

En familia: Planee actividades en familia para las cuatro estaciones del año. Comente con su niño cómo el estado del tiempo afecta lo que hacen y la ropa que usan.

TEKS **1.3A** identifique y explique un problema, tal como encontrar un hogar para una mascota del salón de clases, y proponga una solución con sus propias palabras **1.4A** reúna, anote y compare información usando instrumentos,... incluyendo instrumentos meteorológicos... **1.8A** anote información sobre el estado del tiempo...

El saber del estado del tiempo

Los instrumentos

La gente quería observar y llevar registros del estado del tiempo. Para eso diseñaron instrumentos. Los instrumentos han cambiado y mejorado con el paso del tiempo.

El satélite meteorológico lleva registros del estado del tiempo desde el espacio.

El termómetro mide la temperatura.

La veleta nos dice la dirección del viento.

El avión meteorológico lleva registros del estado del tiempo desde el cielo.

Línea cronológica de los instrumentos

Usa la línea cronológica para responder las preguntas.

1 ¿Cuál es el instrumento más antiguo? Enciérralo en un círculo.

2 ¿Cuál es el instrumento más moderno? Dibújale una casilla alrededor.

3 ¿Qué instrumento viene después del termómetro? Márcalo con una X.

Parte de la base

Diseña y construye tu propio pluviómetro. Completa **Construyelo: Pluviómetro** en el Rotafolio de investigación.

Repaso de vocabulario

Completa las oraciones con los términos de la casilla.

| estación del año |
| temperatura |
| estado del tiempo |

TEKS 1.8A

1. En la primavera, puedes registrar el _____ como caliente y lluvioso.

TEKS 1.3B

2. El invierno es la _____ que viene después del otoño.

TEKS 1.8A

3. Al medir la _____, indicas qué tan caliente o frío está algo.

Conceptos de ciencias

Rellena la burbuja con la letra de la mejor respuesta.

TEKS 1.4A, 1.8A

4. ¿Qué instrumento puedes usar para recoger y anotar la temperatura a diario?

Ⓐ un pluviómetro

Ⓑ un termómetro

Ⓒ una manga de viento

TEKS 1.3B, 1.8A

5. Ves nubes oscuras en el cielo. ¿Qué tipo de estado del tiempo es **más probable** que se aproxime?

Ⓐ frío

Ⓑ lluvioso

Ⓒ soleado

TEKS 1.8C

6. ¿En qué estación del año es más probable que haya nacido esta cría de oveja?

Ⓐ otoño
Ⓑ primavera
Ⓒ verano

TEKS 1.8C

7. La familia Han patina sobre hielo al aire libre. Usan chaquetas gruesas. ¿Qué estación del año es?
Ⓐ primavera
Ⓑ verano
Ⓒ invierno

TEKS 1.8C

8. ¿En qué se **diferencia** el otoño de la primavera?
Ⓐ El otoño es una estación del año.
Ⓑ En la primavera se usa chaqueta.
Ⓒ En el otoño muchos árboles pierden sus hojas.

TEKS 1.8A

9. El pluviómetro de Pablo está lleno. Hay nubes oscuras en el cielo. Anota lo que observa. ¿Qué te dice esto sobre el estado del tiempo?
Ⓐ Está calmo.
Ⓑ Está despejado.
Ⓒ Está lluvioso.

10. Observa esta ilustración. ¿Cómo está el estado del tiempo?

Ⓐ calmo y frío

Ⓑ frío y nevoso

Ⓒ ventoso y cálido

11. Pradeep muestra con una manga de viento que el aire nos rodea. ¿Qué puede observar y anotar?

Ⓐ la dirección del viento

Ⓑ la temperatura ambiente

Ⓒ la velocidad del viento

12. Observa qué hacen los niños.

¿Qué estación del año es?

Ⓐ otoño

Ⓑ invierno

Ⓒ verano

Investigación y La gran idea

Escribe las respuestas de las preguntas.

TEKS 1.8A

13. Observa la ilustración.

a. Anota cómo está el estado del tiempo.

_____

b. ¿Qué puedes usar en un día como este?

_____

c. ¿Qué puedes hacer en un día como este?

_____

TEKS 1.3B, 1.8C

14. Observa el árbol.

a. Identifica la estación del año. Indica cómo sabes qué estación del año es.

_____

_____

b. Predice qué estación del año sigue.

_____

Objetos en el cielo

la Luna en el cielo de noche

La gran idea

Se ven muchos objetos en el cielo de noche. La apariencia de los objetos en el cielo cambia.

TEKS 1.2A, 1.2B, 1.2D, 1.3A, 1.3B, 1.3C, 1.4B, 1.8B, 1.8C

Me pregunto por qué

La Luna se ve iluminada en el cielo de noche. ¿Por qué?
Da vuelta a la página para descubrirlo.

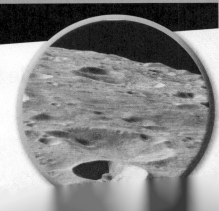

Por esta razón La Luna refleja la luz del Sol. Esto hace que se vea iluminada durante la noche.

En esta unidad vas a aprender más sobre La gran idea, y a desarrollar las preguntas esenciales y las actividades del Rotafolio de investigación.

Niveles de investigación ■ Dirigida ■ **Guiada** ■ Independiente

Comprueba tu progreso

La gran idea El Sol calienta la tierra, el aire y el agua. La apariencia de los objetos en el cielo cambia.

Preguntas esenciales

Lección 1 ¿Qué vemos en el cielo? 273
Rotafolio de investigación pág. 36 Alto en el cielo/
Diversión de estrellas

Personajes en las ciencias: Galileo Galilei 283

Lección 2 ¿Por qué parece cambiar el cielo? 285
Rotafolio de investigación pág. 37 Tiempo de nubes/
Calendario de Luna y estrellas

Investigación de la Lección 3 ¿Por qué parece que el Sol se mueve? 295
Rotafolio de investigación pág. 38 ¿Por qué parece que
el Sol se mueve?

S.T.E.M. Ingeniería y tecnología: Mira la luz 297
Rotafolio de investigación pág. 39 Diséñalo: Luces para un estadio

Repaso de la Unidad 7 299

¡Ya entiendo La gran idea!

Cuaderno de ciencias

No olvides escribir lo que piensas sobre la Pregunta esencial antes de estudiar cada lección.

© Houghton Mifflin Harcourt Publishing Company (bg) ©Ted J. Clutter/Photo Researchers, Inc.; (inset) ©NASA; (border) ©NDisc/Age Fotostock

Pregunta esencial

¿Qué vemos en el cielo?

Ponte a pensar

Halla la respuesta a la pregunta en la lección.

¿Cuándo se ve la Luna?

_____

Lectura con propósito

Vocabulario de la lección

1 Ojea la lección.

2 Escribe aquí los 5 términos de vocabulario.

_____   _____

_____   _____

_____

© Houghton Mifflin Harcourt Publishing Company (bkgd) ©Chuck Pefley/Getty Images

Buenos días, Sol

Sol

¡Mira hacia arriba! De día se ven muchas cosas en el cielo. Entre ellas se ve el Sol. El **Sol** es la estrella más cercana a la Tierra. Una **estrella** es un objeto que está en el cielo y emite su propia luz. El Sol le da luz y calor a la Tierra.

Durante el día también se ven las nubes del cielo. Y a veces hasta se ve la Luna.

Lectura con propósito

La idea principal es la idea más importante sobre algo. Subraya dos veces la idea principal.

nubes

▶ **Mira por la ventana.**
Identifica cómo se ve el cielo
de día. Dibuja lo que ves.

Buenas noches, cielo

Luna

De noche se ven muchas cosas en el cielo. Se ve la Luna. La **Luna** es una esfera grande, o una bola de roca. No emite luz propia. De noche también se ven las nubes.

Lectura con propósito

Subraya un detalle. Dibuja una flecha hasta la idea principal a la que se refiere.

Las estrellas se ven en el cielo durante la noche. Hay demasiadas para contarlas. Las estrellas no están espaciadas uniformemente en el cielo.

estrella

Práctica matemática

Compara formas sólidas

Muchos objetos del cielo son esferas. Una esfera es una pelota redonda. La Luna es una esfera. El Sol también es una esfera. Colorea las esferas de esta ilustración.

Ojo con el cielo

Las estrellas y otros objetos que hay en el cielo se ven pequeños. Pero podemos aumentarlos para que se vean mejor. **Aumentar** significa hacer que algo se vea más grande. El **telescopio** es un instrumento que aumenta el tamaño en que se ven los objetos del cielo.

telescopio

▶ ¿Qué ilustración muestra la Luna vista a través de un telescopio? Márcala con una X.

Ambas ilustraciones muestran la Luna.

279

Resúmelo →

1 Resuélvelo

Resuelve la adivinanza.

Soy el instrumento de aumentar estrellas. ¡Observa qué vista tan bella del cielo te doy!

¿Ya sabes qué soy?

_____

2 Enciérralo en un círculo

Encierra en un círculo verdadero o falso.

Las estrellas están uniformemente espaciadas en el cielo.

verdadero   falso

Las estrellas emiten luz propia.

verdadero   falso

3 Dibújalo

Dibuja lo que se ve en el cielo en ambos momentos.

día	noche

Nombre _____

Juego de palabras

Ordena las letras para completar
cada oración.

Sol   estrella   telescopio   aumentar   Luna

ulna

La ___ ___ ___ ___ es una pelota grande de roca.

rletlsea

Una ___ ___ ___ ___ ___ ___ ___ ___ emite luz propia.

eletpscoio

El ___ ___ ___ ___ ___ ___ ___ ___ ___ ___ es un instrumento que sirve para que las cosas se vean más grandes.

osl

El ___ ___ ___ es una estrella que vemos durante el día.

umantrae

___ ___ ___ ___ ___ ___ ___ ___ significa hacer que las cosas se vean más grandes.

1 Identifica cómo se ve el cielo de día y de noche. Completa el diagrama para comparar. Utiliza estas palabras.

Sol   estrellas   nubes   Luna

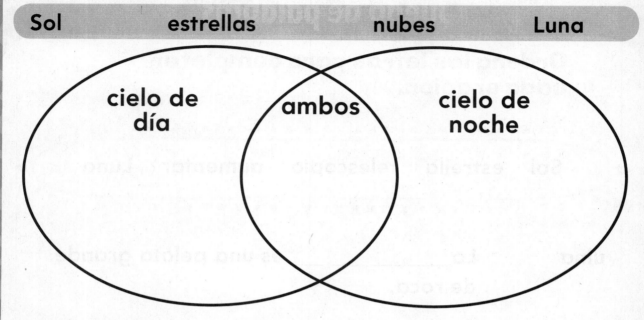

cielo de día   ambos   cielo de noche

2 Dibuja un cielo de noche lleno de estrellas.

Para la casa

En familia: Identifique con su niño cómo se ve el cielo de día y de noche. Pida que le explique en qué se parecen y en qué se diferencian.

4 cosas que debes saber sobre

Galileo Galilei

1 Galileo vivió en Italia hace más de 400 años.

2 Con su telescopio los objetos se veían 20 veces más grandes.

3 Descubrió las manchas del Sol.

4 Descubrió que el planeta Júpiter tiene cuatro lunas.

Una cosa lleva a la otra

Galileo observó el Sol y los planetas con su telescopio.

Comprobó que la Tierra gira alrededor del Sol.

▶ **Todos pensaban que el Sol giraba alrededor de la Tierra. Galileo demostró que eso era incorrecto. ¿Por qué es esto importante?**

_____

_____

_____

Lección **2**

Pregunta esencial

¿Por qué parece cambiar el cielo?

Ponte a pensar

Halla la respuesta a la pregunta en la lección.

¿Por qué parece que el Sol se mueve a través del cielo?

La Tierra _____.

Lectura con propósito

Vocabulario de la lección

1 Ojea la lección.

2 Escribe aquí los 2 términos de vocabulario.

_____   _____

Hola, sombra

Cada día, la Tierra da un giro completo. Hace que parezca que el Sol se mueve por el cielo.

Por la mañana y al final de la tarde el Sol se ve bajo en el cielo. Se ve a lo alto a mediodía. Este patrón se repite cada día con la rotación de la Tierra.

Lectura con propósito

La idea principal es la idea más importante sobre algo. Subraya dos veces la idea principal.

mañana

La luz del Sol produce sombras. La **sombra** es un lugar oscuro que se produce donde un objeto bloquea la luz. Las sombras cambian a medida que la Tierra se mueve. La luz del Sol ilumina los objetos desde distintas direcciones con el paso del día. Las sombras cambian de tamaño durante el día. También cambian de posición.

▶ **Observa y anota cómo cambia el Sol durante el día.**

_____

_____

mediodía

tarde

Apenas una fase

Ahora es de noche. Puedes ver las estrellas. Puedes ver la Luna. La Luna es una bola de roca enorme. No emite luz propia. La Luna refleja la luz del Sol.

Lectura con propósito

Un detalle es un hecho acerca de una idea principal. Subraya un detalle. Dibuja una flecha hasta la idea principal a la que se refiere.

luna nueva

cuarto creciente

La Luna se mueve a través del cielo. Su forma parece cambiar. Las **fases**, o las formas que ves, cambian a medida que la Luna se mueve.

Los cambios siguen un patrón repetitivo. Esto dura alrededor de un mes.

▶ **Mira abajo la luna llena. Predice cuál será la fase de la Luna dentro de aproximadamente un mes. Anótalo.**

_____

luna llena

cuarto menguante

Día nuboso, noche estrellada

Puedes ver las estrellas en el cielo de noche. Las estrellas emiten luz. En cada estación se ven estrellas distintas.

Puedes ver nubes tanto en el cielo de día como en el cielo de noche. Las nubes cambian de forma de un día a otro.

Estas estrellas se ven en verano.

Estas estrellas se ven en invierno.

Este tipo de nubes puede traer lluvia.

Este tipo de nubes aparece en los días soleados.

▶ **Observa las nubes de las ilustraciones. Anota cómo las nubes cambiaron.**

_____

_____

_____

_____

Resúmelo

① Resuélvelo

Resuelve la adivinanza

Soy gruesa o delgada.
Soy blanca o soy gris.
Salgo algunos días
y me voy en un tris.
Soy una

_____.

② Dibújalo

Dibuja la sombra del niño cuando es de mañana.

③ Márcalo

Tacha la ilustración de la luna llena. Coloca una casilla alrededor de la ilustración de la luna nueva.

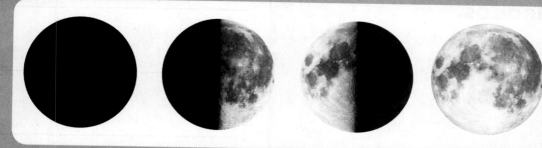

Nombre _____

Juego de palabras

Rotula cada ilustración con una palabra de la casilla. Une la palabra con su significado.

| sol | fases | sombra |

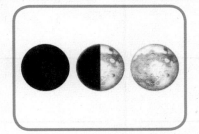

_____

lugar oscuro que se produce donde un objeto bloquea la luz

_____

formas que ves de la Luna

_____

el objeto más brillante en el cielo de día

Aplica los conceptos

Escribe las palabras que digan más sobre cada columna. Cada palabra puede usarse más de una vez.

Sol   nubes   estrellas   Luna

Cielo de día	Cielo de noche	Emite luz propia	Se mueve o parece moverse
_____	_____	_____	_____
_____	_____	_____	_____
_____	_____		_____
			_____

Para la casa

En familia: Observen objetos en el cielo, como las nubes, la Luna y las estrellas. Pida a su niño que describa por qué cada uno de estos objetos parece cambiar de forma.

TEKS **1.2A** haga preguntas acerca de organismos, objetos y eventos observados en la naturaleza **1.2B** planifique y lleve a cabo investigaciones descriptivas simples, tales como la manera en que los objetos se mueven **1.2D** anote y organice la información usando dibujos, números y palabras **1.4B** mida y compare los organismos y los objetos usando unidades no usuales **1.8B** observe y anote los cambios en la apariencia de objetos que observa en el cielo, tales como las nubes, la Luna y las estrellas, incluyendo al Sol

Nombre _____

Pregunta esencial

¿Por qué parece que el Sol se mueve?

Establece un propósito
Explica lo que quieres descubrir.

_____

_____

Piensa en el procedimiento

❶ ¿Cuándo verás tu sombra?

_____

_____

❷ ¿Cómo sabrás que tu sombra cambia?

_____

Anota tus datos

Escribe en la tabla el número de zapatos.

Longitud de mi sombra

Mañana	Mediodía	Tarde
_____ zapatos de largo	_____ zapatos de largo	_____ zapatos de largo

Saca tus conclusiones

¿Cómo cambió tu sombra de la mañana al mediodía?

_____

¿Cómo cambió del mediodía a la tarde?

_____

¿Por qué crees que cambió tu sombra?

_____

_____

Haz más preguntas

¿Qué otras preguntas harías sobre cómo los objetos parecen moverse en el cielo?

_____

_____

TEKS 1.3A identifique y explique un problema, tal como encontrar un hogar para una mascota del salón de clases, y proponga una solución con sus propias palabras.

Mira la luz

Vamos a comparar linternas

Las luces te permiten ver lo que haces. Te permiten ir de un lugar a otro de noche. Los edificios brillan de noche por las luces que tienen adentro.

Las linternas sirven para iluminar los espacios oscuros. Funcionan de distintas maneras.

- tiene un interruptor
- necesita pilas
- ilumina de inmediato

- tiene una manivela
- no necesita pilas
- toma tiempo en encender

S.T.E.M.

continuación

Ideas brillantes

Tienes un problema. Necesitas mejor luz para leer. ¿Cómo mejorarías la lámpara de tu cuarto? Dibuja tu diseño y explica cómo funciona.

Parte de la base

 Diseña las luces de un estadio. Completa **Diséñalo: Luces para un estadio** en el Rotafolio de investigación.

© Houghton Mifflin Harcourt Publishing Company (f) ©Peter Dazeley/Getty Images

Repaso del vocabulario

Completa las oraciones con los términos de la casilla.

fases
sombra
estrella

TEKS 1.8C

1. Un objeto del cielo que emite su propia luz es una

_____.

TEKS 1.8B

2. Un lugar oscuro que se forma donde un objeto bloquea la luz es una

_____.

TEKS 1.8B

3. Las formas de la Luna que ves cuando se mueve son sus

_____.

Conceptos de ciencias

Rellena la burbuja con la letra de la mejor respuesta.

TEKS 1.8C

4. Puedes ver estrellas de noche. ¿Cuántas estrellas hay en el cielo?

  Ⓐ aproximadamente 20

  Ⓑ no las suficientes como para contarlas

  Ⓒ más de las que cualquiera pueda contar fácilmente

TEKS 1.8C

5. ¿Qué objetos podemos ver en el cielo de noche? Identifícalos.

  Ⓐ el Sol y las nubes

  Ⓑ la Luna y las estrellas

  Ⓒ el Sol y la Luna

6. Sophie observa que los objetos parecen cambiar durante el día. Lo anota en su cuaderno. ¿Qué objetos observó?

Ⓐ la Luna y las estrellas

Ⓑ el Sol y las nubes

Ⓒ las estrellas y el Sol

7. Observa la ilustración de la Luna. ¿Qué fase de la Luna muestra?

Ⓐ luna llena

Ⓑ luna nueva

Ⓒ cuarto creciente

8. ¿Qué sucede debido a que la Tierra gira?

Ⓐ El Sol calienta la Tierra.

Ⓑ La Luna tiene fases.

Ⓒ El Sol parece moverse a través del cielo.

9. ¿Cómo se ven las estrellas en el cielo de noche?

Ⓐ Están dispersas de manera no uniforme.

Ⓑ Están dispuestas en un patrón de anillos.

Ⓒ Están dispuestas de manera uniforme por el cielo.

TEKS 1.8B, 1.8C

10. La luz del Sol forma sombras durante el día. ¿Qué ilustración muestra la sombra de la bandera al final del día?

Ⓐ La ilustración con la sombra más larga.

Ⓑ La ilustración con la sombra corta.

Ⓒ Ambas ilustraciones muestran la sombra de la bandera al final del día.

TEKS 1.8B, 1.8C

11. Yoon ve diferentes estrellas una noche de invierno de las que ve una noche de verano. ¿Por qué?

Ⓐ Solo pueden verse las estrellas en el cielo en invierno.

Ⓑ Las nubes pueden bloquear las estrellas en verano.

Ⓒ Se ven diferentes estrellas en cada estación del año.

TEKS 1.8C

12. ¿Qué objeto puedes ver tanto en el cielo de día como en el cielo de noche?

Ⓐ

Ⓑ

Ⓒ

Investigación y La gran idea
Escribe las respuestas de las preguntas.

TEKS 1.2C, 1.8C

13. Quieres ver las estrellas del cielo más de cerca.

a. ¿Qué instrumento te puede ayudar a ver mejor las estrellas?

_____

b. ¿Cómo te ayuda este instrumento?

_____

_____

TEKS 1.8C

14. Compara y contrasta las estrellas y la Luna.

a. ¿Cuál es una manera en la que se parecen?

_____

_____

b. Nombra una manera en la que son diferentes.

_____

_____

Los seres vivos y sus medio ambientes

La gran idea

Los seres vivos y los objetos inertes se encuentran en sus medio ambientes. Los seres vivos viven en el medio ambiente que satisfaga sus necesidades.

TEKS 1.2A, 1.2B, 1.2D, 1.3A, 1.3C, 1.4A, 1.9A, 1.9B, 1.9C

ciervo en el bosque

Me pregunto por qué

Los ciervos viven en el bosque. ¿Por qué?
Da vuelta a la página para descubrirlo.

Por esta razón Un ciervo puede satisfacer sus necesidades en el bosque. Allí tiene alimentos, agua y refugio.

En esta unidad vas a aprender más sobre La gran idea, y a desarrollar las preguntas esenciales y las actividades del Rotafolio de investigación.

Niveles de investigación ■ Dirigida ■ **Guiada** ■ Independiente

Comprueba tu progreso

La gran idea Los seres vivos y los objetos inertes se encuentran en sus medio ambientes. Los seres vivos viven en el medio ambiente que satisfaga sus necesidades.

Preguntas esenciales

Lección 1 ¿Qué son los seres vivos y los objetos inertes? 305
Rotafolio de investigación pág. 40 ¡Está vivo!/ Búsqueda en el vecindario

Lección 2 ¿Dónde viven las plantas y los animales? 315
Rotafolio de investigación pág. 41 Construir un acuario/ Trabajar juntos

Profesiones en las ciencias: **Guardabosque** 329

Investigación de la Lección 3 ¿Qué es un terrario? 331
Rotafolio de investigación pág. 42 ¿Qué es un terrario?

S.T.E.M. Ingeniería y tecnología: **Un lugar para los animales** 333
Rotafolio de investigación pág. 43 Diséñalo: Un jardín de mariposas

Repaso de la Unidad 8 335

¡Ya entiendo La gran idea!

Cuaderno de ciencias

No olvides escribir lo que piensas sobre la Pregunta esencial antes de estudiar cada lección.

TEKS **1.9A** ordene y clasifique los seres vivos y los objetos inertes basándose principalmente en si tienen o no necesidades básicas y si pueden tener descendencia

Lección **1**

Pregunta esencial

¿Qué son los seres vivos y los objetos inertes?

Ponte a pensar

Halla la respuesta a la pregunta en la lección.

¿Qué necesitan todos los seres vivos?

_____

Lectura con propósito

Vocabulario de la lección

1 Ojea la lección.

2 Escribe aquí los 4 términos de vocabulario.

_____   _____

_____   _____

Rotafolio de investigación pág. 40: ¡Está vivo!/Búsqueda en el vecindario

¡La gran vida!

Las personas, los animales y las plantas son **seres vivos**. Necesitan alimento, agua, aire y espacio para vivir. Crecen, cambian y se reproducen. **Reproducirse** es producir nuevos seres vivos del mismo tipo.

_____

flores
_____

▶ **Rotula los seres vivos que ves en la ilustración.**

marmota

¿Un objeto inerte?

Los **objetos inertes** no necesitan alimento, ni agua, ni aire. No crecen ni cambian. ¿Cuáles son algunos objetos inertes? Las rocas son objetos inertes. También el aire y el agua son objetos inertes.

Lectura con propósito

Halla las oraciones con el significado de **objetos inertes**. Subráyalas.

▶ **Haz una lista de los objetos inertes que ves en la ilustración.**

_____

_____

_____

Todos juntos

Todos los seres vivos y los objetos inertes que están en un lugar forman el **medio ambiente**. Una granja es un medio ambiente. Tiene seres vivos y objetos inertes.

Lectura con propósito

La idea principal es la idea más importante acerca de algo. Subraya dos veces la idea principal.

▶ **Los seres vivos tienen necesidades básicas y se reproducen. Los objetos inertes no. Clasifica lo que ves en el medio ambiente de una granja según estas propiedades.**

Seres vivos	Objetos inertes

Resúmelo

1 Elígelo

Agrupa cada cosa. Encierra cada ser vivo en un círculo. Marca cada objeto inerte con una X.

2 Dibújalo

Dibuja un ser vivo y un objeto inerte que podrías ver en un parque.

Nombre _____

Juego de palabras

Agrupa las partes de la ilustración en seres vivos y objetos inertes. Colorea los seres vivos. Encierra los objetos inertes en un círculo.

Aplica los conceptos

Puedes agrupar las cosas como seres vivos u objetos inertes. Completa la tabla para mostrar en qué se diferencian los grupos.

Seres vivos	Objetos inertes
❶ crecen y cambian	no crecen ni cambian
❷ _____	no se reproducen
❸ necesitan aire	no necesitan _____
❹ necesitan _____	no necesitan agua
❺ necesitan alimentos	no necesitan _____

Mira el medio ambiente a tu alrededor.
Menciona un ser vivo y un objeto inerte.

Ser vivo	Objeto inerte
❻ _____	❼ _____

Para la casa

En familia: Realice con su niño una inspección de la casa. Agrupe y clasifique los seres vivos y los objetos inertes que vean.

Lección **2**

Pregunta esencial

¿Dónde viven las plantas y los animales?

Ponte a pensar

Halla la respuesta a la pregunta en la lección.

¿Cómo usa el árbol este animal?

_____

_____

Lectura con propósito

Vocabulario de la lección

1 Ojea la lección.

2 Escribe aquí los 3 términos de vocabulario.

_____   _____

_____

A tu alrededor

Todos los seres vivos y los objetos inertes que te rodean forman tu **medio ambiente**. Cada ser vive en el medio ambiente que satisfaga sus necesidades.

Muchos animales necesitan refugio. El **refugio** es un lugar donde el animal está protegido.

Lectura con propósito

Halla la oración que dice el significado de refugio. Subraya la oración.

Este madero es el refugio de los zorros.

Agua salada

El medio ambiente de un océano es un cuerpo grande de agua salada. En su capa superior habitan muchos seres vivos. Es un lugar donde las plantas y otros seres vivos obtienen la luz solar que necesitan. Y los animales hallan alimentos.

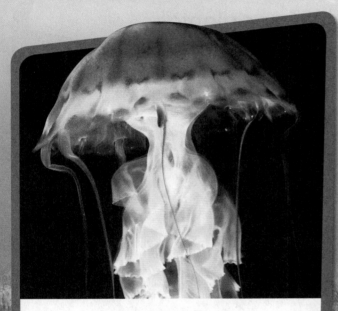

La medusa tiene partes del cuerpo que le permiten atrapar su alimento.

Las algas marinas viven en el océano. Muchos animales las comen.

▶ **¿Por qué muchas plantas viven en la capa superior del océano?**

_____

_____

En un bosque tropical

En un bosque tropical llueve mucho. Los árboles llegan a ser muy altos y bloquean el sol. Muchos animales, como las aves y los monos, se refugian en los árboles altos. Las plantas pequeñitas no necesitan mucha luz solar.

El bosque tropical le proporciona a este leopardo todo lo que necesita para vivir.

▶ Dibuja un animal del bosque tropical que use los árboles u otras plantas como refugio.

Seco como un hueso

En un medio ambiente de desierto llueve poco. Las plantas como los cactus almacenan agua en sus tallos gruesos. Otras plantas almacenan agua en las hojas. En los desiertos calurosos, muchos animales se esconden durante el día.

Un árbol de Josué sirve de refugio a los animalitos.

Las plantas y los animales del desierto pueden vivir con poca agua.

liebre del desierto

monstruo de Gila

▶ Dibuja una planta que almacene agua.

¡Hace mucho frío!

La tundra es un medio ambiente muy frío. Las plantas crecen juntas y cerca del suelo. Los animales tienen pelaje grueso para mantenerse calientes.

El pelaje blanco del zorro del ártico le permite esconderse entre la nieve.

flores árticas

▶ ¿Para qué le sirve el pelaje blanco al zorro del ártico en invierno?

_____

_____

_____

En la pradera

El medio ambiente de una pradera es principalmente seco. Solo tiene algunos tipos de árboles y arbustos. Los animales grandes comen los pastos altos. Los animales pequeños viven en los pastizales.

Lectura con propósito

La idea principal es la parte más importante acerca de algo. Subraya dos veces la idea principal.

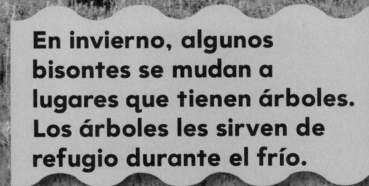

En invierno, algunos bisontes se mudan a lugares que tienen árboles. Los árboles les sirven de refugio durante el frío.

flores cónicas

perros de la pradera

halcón de cola roja

La cadena alimenticia

Todos los seres vivos necesitan la energía del Sol. Las plantas utilizan la luz solar para producir alimento. Los animales se comen las plantas. Así obtienen la energía que necesitan de las plantas.

Una **cadena alimenticia** muestra cómo pasa la energía de las plantas a los animales.

El pasto recibe la luz solar y produce alimento.

▶ **Traza las flechas que muestran el orden de la cadena alimenticia.**

El grillo se come el pasto.

El sapo se come al grillo.

▶ ¿Cómo los seres vivos obtienen unos de otros la energía que necesitan en esta cadena alimenticia?

_____

_____

_____

Cómo cuidar a las mascotas

Piensa en las mascotas que conozcas. ¿De dónde obtienen agua y alimento? ¿Quién les da refugio? Las mascotas necesitan a las personas.

Una mascota necesita espacio para hacer ejercicios y jugar. Hay que mantener limpia a la mascota y también su refugio.

▶ **Analiza cómo alguien cuida de su mascota. Anota tu respuesta.**

_____

_____

Todos debemos cuidar y limpiar a nuestras mascotas.

Las mascotas necesitan que las alimenten.

Este perro recibe una taza de alimento para perros en la mañana y una taza de alimento por la noche.

¿Cuántas tazas de alimento recibe en un día?

　　1 taza en la mañana
+ 1 taza por la noche
_____

_____ tazas en un día

¿Cuántas tazas de alimento para perros recibe en 5 días?

_____

Resúmelo

① Dibújalo

Elige un medio ambiente. Dibuja un ser vivo que satisfaga sus necesidades allí.

② Ordénalo

Muestra cómo se mueve la energía entre los seres vivos. Coloca las partes de la cadena alimenticia en orden.

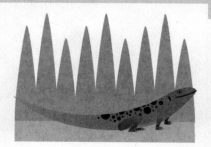

_____   _____   _____

Nombre_____

Juego de palabras

Escribe la entrada de diario. Completa los espacios en blanco con las palabras de la casilla.

| refugio | cadena alimenticia | medio ambiente |

Querido diario:

Hoy fui de excursión al bosque Mulberry. Es un _____ lleno de árboles. Las aves tienen los árboles como _____.

Los árboles necesitan luz solar para producir alimento. Las aves comen las bayas de los árboles. El sol, los árboles y las aves son parte de una _____. Fue divertido aprender sobre el bosque.

Tu amigo,
Swati

Escribe dos detalles que correspondan con la idea principal. Luego responde la pregunta.

Idea principal
La tundra es un medio ambiente frío.

Detalle: animales	Detalle: plantas
_____	_____
_____	_____
_____	_____
_____	_____
_____	_____

¿Qué forman todos los seres vivos y los objetos inertes de un lugar? _____

Pregúntale a un
guardabosque

¿Qué hace un guardabosque?
Cuido el bosque. Me encargo de proteger a las plantas y los animales. También enseño cosas sobre la naturaleza y cómo cuidarla.

¿Cómo hace un guardabosque para proteger las plantas?
Le enseño a la gente cómo evitar los incendios forestales. Me aseguro de que nadie tale árboles.

¿Cómo hace un guardabosque para proteger a los animales?
Me aseguro de que nadie los alimente. Protejo sus hogares al proteger el bosque.

¡Es tu turno!

▶ **¿Qué pregunta le harías a un guardabosque?**

_____

_____

_____

_____

Proteger el bosque

▶ **Dibuja o escribe la respuesta de cada pregunta.**

1 ¿Por qué los guardabosques son importantes?

2 ¿Qué te gustaría más de ser guardabosque? ¿Qué te gustaría menos?

3 Supón que eres guardabosque. Dibuja un animal o una planta que protejas en el bosque.

1
_____
_____
_____
_____
_____

2
_____
_____
_____

3

Rotafolio de
investigación, pág. 42

Nombre _____

TEKS **1.2A** haga preguntas acerca de organismos, objetos y eventos observados en la naturaleza **1.2B** planifique y lleve a cabo investigaciones descriptivas simples, tales como la manera en que los objetos se mueven **1.2D** anote y organice la información usando dibujos, números y palabras **1.4A** reúna, anote y compare información usando instrumentos, incluyendo... instrumentos de medición no usuales, como clips y pinzas de ropa... **1.9A** ordene y clasifique los seres vivos y los objetos inertes basándose principalmente en si tienen o no necesidades básicas y si pueden tener descendencia

Pregunta esencial

¿Qué es un terrario?

Establece un propósito
Explica lo que quieres descubrir.

_____

_____

Piensa en el procedimiento
1 ¿Qué colocas dentro de la botella?

_____

_____

2 ¿Qué observarás sobre las cochinillas de humedad?

_____

_____

Anota tus datos

Anota en la tabla lo que observas.

Mis observaciones sobre la cochinilla	
Día 1	
Día 2	
Día 3	
Día 4	
Día 5	

Saca tus conclusiones

Analiza tus observaciones. ¿Cómo te ayudó el terrario a comprender qué necesitan los animales para vivir?

_____

_____

Haz más preguntas

Compara tu terrario con otros hábitats. ¿Qué otras preguntas harías sobre observar hábitats?

_____

332

S.T.E.M.
Ingeniería y tecnología

Un lugar para los animales
Cómo mantener protegidos a los animales

Hoy en día se diseñan y construyen lugares seguros para los animales. En esos lugares hay personas que los alimentan, les dan agua y refugio. También los curan si se enferman.

Este doctor de animales revisa la salud de los chimpancés.

Estos elefantes obtienen el alimento que necesitan para vivir y crecer.

Estas aves obtienen agua del río.

¡Haz un mapa!

Este mapa muestra un lugar diseñado para los animales. La gente se asegura de que los animales satisfagan sus necesidades allí. Mira el mapa para descubrir cómo lo hacen.

Encierra en un círculo el lugar donde los animales obtienen el alimento. Marca con una X el lugar donde obtienen el agua. Dibuja una casilla donde los animales enfermos se recuperan.

Parte de la base

Diseña un lugar para que las mariposas vivan y crezcan. Completa **Diséñalo: Un jardín de mariposas** en el Rotafolio de investigación.

Repaso de vocabulario

Completa las oraciones con los términos de la casilla.

> medio ambiente
> reproducen
> refugio

TEKS 1.9C

1. Un animal puede usar una planta como

   _____.

TEKS 1.9B

2. Todos los seres vivos y los objetos inertes que te rodean forman tu

   _____.

TEKS 1.9A

3. Cuando los animales crean nuevos seres vivos como ellos, se

   _____.

Conceptos de ciencias

Rellena la burbuja con la letra de la mejor respuesta.

TEKS 1.9A

4. ¿En qué **se diferencian** los seres vivos de los objetos inertes?

   Ⓐ Pueden ser grandes o pequeños.

   Ⓑ Tienen necesidades y se reproducen.

   Ⓒ Pueden hallarse en muchos lugares.

TEKS 1.9B

5. Una rata canguro necesita poca agua para vivir. Vive bajo tierra para mantenerse fresca. ¿Qué satisface **mejor** sus necesidades?

   Ⓐ un desierto

   Ⓑ un océano

   Ⓒ una tundra

TEKS 1.9A

6. ¿Cuál de estos objetos tiene necesidades básicas?

Ⓐ

Ⓑ

Ⓒ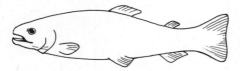

TEKS 1.9B

7. ¿Qué tipo de animal puede vivir en la pradera?

Ⓐ un animal que come hierba

Ⓑ un animal que puede vivir con poca agua

Ⓒ un animal que usa los árboles altos como refugio

TEKS 1.2B, 1.9A

8. Jamie investiga las necesidades de los animales. Observa las aves. ¿Qué necesidad satisfacen estas aves?

Ⓐ aire

Ⓑ alimento

Ⓒ agua

TEKS 1.9C

9. ¿Cómo usa el tronco este animal?

Ⓐ como alimento

Ⓑ como refugio

Ⓒ para beber

TEKS 1.9B

10. ¿Qué es **verdadero** sobre un animal que tienes como mascota?

Ⓐ No tiene necesidades básicas.

Ⓑ Necesita que lo ayudes a satisfacer sus necesidades.

Ⓒ No necesita refugio ni alimento.

TEKS 1.9C

11. ¿Cómo puede depender un ser vivo de otro ser vivo en un medio ambiente de océano?

Ⓐ Un tiburón puede usar a un pez como alimento.

Ⓑ Un ave puede usar un árbol como refugio.

Ⓒ Una vaca puede usar la hierba como alimento.

TEKS 1.2D, 1.9C

12. Felix dibuja esta cadena alimenticia en su cuaderno de ciencias.

¿Qué muestra esta cadena alimenticia?

Ⓐ La oruga usa a la rana como alimento.

Ⓑ La rana usa la hoja como alimento.

Ⓒ La rana usa a la oruga como alimento.

Investigación y La gran idea
Escribe las respuestas de las preguntas.

TEKS 1.9A, 1.9C

13. Observa al ciervo.

a. ¿Qué necesidad satisface el ciervo?

_____

b. Nombra otras dos necesidades que tenga el ciervo.

_____

TEKS 1.9B, 1.9C

14. Puedes reunir evidencia sobre cómo los seres vivos dependen unos de otros. Puedes hacer un terrario. Coloca cochinillas de humedad en un frasco con tierra, hojas húmedas y verduras podridas. Después de unos días, verás que la mayoría de las verduras no están. Verás las cochinillas de humedad escondidas debajo de las hojas húmedas.

   Analiza y anota cómo necesitan las cochinillas otras cosas del terrario.

_____

_____

_____

Los animales

La gran idea

Los animales tienen adaptaciones que les permiten sobrevivir. Los animales tienen ciclos de vida distintos.

TEKS 1.2A, 1.2B, 1.2D, 1.3A, 1.3C, 1.10A, 1.10C, 1.10D

ave espátula adulta

Me pregunto por qué

Los ciclos de vida de los animales son distintos. ¿Por qué?

Da vuelta a la página para descubrirlo.

Por esta razón Algunos animales nacen vivos. Otros nacen de un huevo. Algunas crías se parecen a sus padres y otras no se parecen.

En esta unidad vas a aprender más sobre La gran idea, y a desarrollar las preguntas esenciales y las actividades del Rotafolio de investigación.

Niveles de investigación ■ Dirigida ■ Guiada ■ Independiente

Comprueba tu progreso

La gran idea Los animales tienen adaptaciones que les permiten sobrevivir. Los animales tienen ciclos de vida distintos.

Preguntas esenciales

Lección 1 ¿En qué se diferencian los animales? **341**
Rotafolio de investigación pág. 44 Los animales se adaptan/
Un safari por las ilustraciones

Investigación de la Lección 2
¿Cómo se pueden agrupar los animales? **353**
Rotafolio de investigación pág. 45 ¿Cómo se pueden agrupar los animales?

S.T.E.M. Ingeniería y tecnología: En la granja **357**
Rotafolio de investigación pág. 46 Diséñalo: Proteger la lechuga

Lección 3 ¿Cuál es el ciclo de vida de algunos animales? **359**
Rotafolio de investigación pág. 47 ¿Dónde está la oruga?/
¿Cómo es mi ciclo de vida?

Profesiones en las ciencias: Guardián de zoológico **371**

Repaso de la Unidad 9 . . . . **373**

¡Ya entiendo La gran idea!

Cuaderno de ciencias

No olvides escribir lo que piensas sobre la Pregunta esencial antes de estudiar cada lección.

TEKS 1.10A investigue cómo las características externas de un animal están relacionadas con el lugar donde vive, cómo se mueve y qué come

Pregunta esencial

¿En qué se diferencian los animales?

Ponte a pensar

Halla la respuesta a la pregunta en la lección.

Este insecto parece una ramita de árbol. ¿Cómo le sirve esto para estar seguro?

_____

 **Lectura con propósito**

Vocabulario de la lección
1. Ojea la lección.
2. Escribe aquí el término de vocabulario.

_____

Animales que se adaptan

Los animales tienen diferentes comportamientos y partes del cuerpo. Esas son adaptaciones. La **adaptación** es una parte del cuerpo o un comportamiento que ayuda a que el organismo vivo sobreviva. Las adaptaciones permiten que los animales vivan donde viven.

Lectura con propósito

Halla la oración que dice el signficado de **adaptación**. Subraya la oración.

La morsa tiene una capa gruesa de grasa que le permite vivir en un lugar frío.

Los peces viven en el agua. Tienen branquias por donde toman el oxígeno del agua.

▶ ¿Qué le permite a la morsa vivir en un lugar frío?

_____

_____

El elefante vive en un lugar caliente. Se mantiene fresco con sus orejotas.

¡Muévete!

Las adaptaciones permiten que los animales se muevan. Los animales utilizan distintas partes del cuerpo para moverse a su manera. ¿Con qué partes del cuerpo se mueven estos animales?

Los monos trepan y se balancean con los brazos y las piernas.

Las ranas saltan con sus fuertes patas traseras.

Los peces nadan con las aletas.

Las aves vuelan con las alas.

▶ Mira las ilustraciones. Encierra en un círculo las partes del cuerpo con que el ave vuela. Marca una X en las partes del cuerpo con que la rana salta.

Los guepardos corren rapidísimo con sus fuertes piernas.

La hora de comer

Las adaptaciones permiten que los animales coman. Los animales que comen carne tienen los dientes afilados. Los animales que comen plantas tienen los dientes planos. Los pájaros no tienen dientes. Se sabe lo que come un ave por la forma de su pico.

Lectura con propósito

La idea principal es la idea más importante sobre algo. Subraya dos veces la idea principal.

El caballo tiene los dientes planos para comer plantas.

El león tiene los dientes afilados para comer carne.

Esta ave tiene un pico corto y redondo para comer semillas.

Esta ave tiene un pico largo para comer insectos.

Práctica matemática

Resuelve un problema de planteo

Resuelve el problema.

Un caballo adulto tiene 20 dientes. Un conejo adulto tiene 14 dientes.

¿Cuántos dientes más tiene el caballo?

_____ – _____ = _____ dientes más

¡Escóndeme!

Las adaptaciones les sirven a los animales para cazar. También les sirven para mantenerse a salvo. Las adaptaciones les sirven a los animales para esconderse. Sus colores y formas les permiten mezclarse. ¡Podrías no ver nada de los animales!

El color y la forma permiten que este animal se esconda.

▶ **Mira las tres ilustraciones. Encierra en un círculo a cada animal que se esconde.**

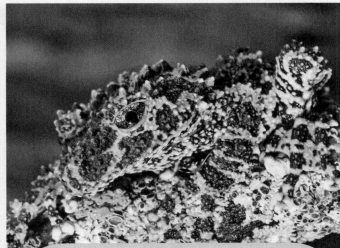

El búho se esconde en el árbol por sus plumas marrones.

La piel áspera de la rana le permite esconderse en la rama.

El tigre se esconde en el pasto alto por sus rayas.

Resúmelo →

① Enciérralo en un círculo

Encierra en un círculo al animal que podría vivir aquí.

una foca

un lagarto

un loro

② Emparéjalo

Empareja el animal con el tipo de dientes que tiene.

dientes afilados

dientes planos

③ Escríbelo

Escribe el nombre de la parte del cuerpo con que se mueve el conejo.

_____

Nombre _____

Juego de palabras

Lee cada adivinanza. Luego escribe la palabra de respuesta.

dientes	adaptación

Esa soy yo allá en el cielo.
Con grandes alas
levanto el vuelo.
¿Qué cosa son estas alas
que llevo?

_____

Partes de mi cuerpo
son para comer.
Ya están afiladas
como puedes ver. ¿Son... ?

_____

Aplica los conceptos

Lee cada idea principal. Agrega los detalles que dicen cuáles partes del cuerpo utilizan los animales.

Adaptaciones

Idea principal	Detalles
Dónde viven los animales	_____
Cómo se mueven los animales	_____ _____
Cómo comen los animales	_____ _____

Para la casa

En familia: Trabaje con su niño para investigar cómo los animales como las mascotas y la vida silvestre local utilizan las partes de sus cuerpos para comer, moverse y vivir en el lugar donde viven.

Rotafolio
de investigación,
p. 45

TEKS **1.2A** haga preguntas acerca de organismos, objetos y eventos **1.2B** planifique y lleve a cabo investigaciones descriptivas simples, tales como la manera en que los objetos se mueven **1.2D** anote y organice la información usando dibujos, números y palabras **1.10A** investigue cómo las características externas de un animal están relacionadas con el lugar donde vive, cómo se mueve y qué come

Nombre_____

Pregunta esencial

¿Cómo se pueden agrupar los animales?

Establece un propósito

Di lo que quieres descubrir.

_____

_____

Piensa en el procedimiento

❶ ¿Cómo sabes qué animal pertenece al mismo grupo?

_____

❷ ¿Cómo anotarás los grupos que formes?

_____

Anota tus datos

Colorea una casilla para mostrar cada manera en que se mueve el animal.

¿Cómo se mueve?

	Camina	Nada	Vuela
pato			
mariposa			
ratón			
pez			
murciélago			
pingüino			
loro			
caimán			
vaca			

Saca tus conclusiones

¿Cómo te das cuenta de cómo se mueve un animal?

_____

Haz más preguntas

¿Qué otras preguntas puedes hacer sobre agrupar animales?

_____

Tarjetas ilustradas

Recorta cada foto por las líneas punteadas.

pato

mariposa

ratón

pez

murciélago

pingüino

loro

caimán

vaca

En la granja

Sistema de granja

Una granja es un tipo de sistema. Cada sistema es un grupo de partes que funcionan en conjunto. Todas las partes deben funcionar para que todo el sistema ande bien. Entre las partes de una granja están los cultivos, los animales, los granjeros y las herramientas.

Los granjeros cuidan sus cultivos y sus animales con herramientas como las cercas.

¿Qué hacer?

Lee el cuento. Luego escribe cómo resolverías el problema.

Tienes una granja pequeña. Todo funciona bien. Pero un día, el viento derriba parte de una cerca de tu granja.

1. ¿Cómo afecta la cerca rota a la granja?

2. ¿Qué harías para resolver el problema?

1. _____

   _____

2. _____

Parte de la base

Diseña soluciones para otros problemas en una granja. Completa **Diséñalo: Proteger la lechuga** en el Rotafolio de investigación.

TEKS **1.10C** compare las maneras en que los animales jóvenes se parecen a sus padres
1.10D observe y anote los ciclos de vida de los animales, tales como los de la rana, la gallina y el pez

Lección **3**

Pregunta esencial

¿Cuál es el ciclo de vida de algunos animales?

Ponte a pensar

Halla la respuesta a la adivinanza en la lección.

¿Cuándo es que la rana no parece rana?

Cuando es un _____.

Lectura con propósito

Vocabulario de la lección

1. Ojea la lección.
2. Escribe aquí los 5 términos de vocabulario.

_____   _____

_____   _____

_____

Rotafolio de investigación pág. 47: ¿Qué es un ciempiés?/¿Cómo es mi ciclo de vida?

359

¿De dónde vienen?

Un perro puede tener perritos. Un gato puede tener gatitos. Los animales adultos se pueden **reproducir**, o tener crías. Los animales como los perritos y los gatitos se parecen a sus padres. ¿En qué se parece un gatito a un gato adulto?

Otras crías de animales no se parecen a sus padres al principio, pero pasan por cambios y terminan pareciéndose a ellos.

Al principio, la mariposa no se parece a sus padres.

El gatito se parece a sus padres.

▶**Compara el parecido entre un gato y un gatito.**

_____

© Houghton Mifflin Harcourt Publishing Company (t) ©Jo Sax/Stone/Getty Images; (c) ©Photodisc/Getty Images ©(b) ©Scott Bell/Alamy

¿Qué hay en el huevo?

Muchos animales empiezan su vida rompiendo el cascarón de un huevo. Los animales cambian a medida que crecen. Los cambios que le ocurren a un animal durante su vida forman su **ciclo de vida**.

▶ Observa los ciclos de vida de la tabla. Anota tres etapas de los ciclos de vida.

_____

_____

Ciclos de vida de los animales

Clase de animal	Huevo	Cría	Adulto
gallina			
tortuga			
pez			

Huevo
Una rana empieza su vida dentro de un huevo diminuto.

Renacuajo recién nacido
Un **renacuajo**, o rana joven, sale del huevo. Vive en el agua. Toma oxígeno por las branquias.

Nace, nada y salta

¿Sabías que una rana empieza su vida dentro de un huevo diminuto? Para llegar a ser ranas adultas, las crías pasan por ciertos cambios. Observa abajo el ciclo de vida de la rana.

Lectura con propósito

Halla la oración que da el significado de **renacuajo**. Subraya la oración.

Renacuajo en crecimiento

El renacuajo se desarrolla. Le crecen cuatro patas y, más adelante, pierde la cola.

Rana

La rana adulta puede vivir en la tierra o en el agua. Salta. Y respira por los pulmones.

Padres polares

Una osa polar prepara un refugio para sus oseznos a finales de octubre. Cava una guarida en la nieve. Allí, sus crías se mantendrán calientes y fuera de peligro. Ella dará a luz en invierno.

▶ **Compara en qué se parece un osezno a su madre.**

_____

Recién nacido

El osezno polar nace dentro de la guarida. Se parece mucho a sus padres.

El osezno crece

El osezno empieza a explorar fuera de la guarida.

Nosotros estaremos con nuestra madre durante casi tres años.

3

4

Oso polar joven

El oso polar joven aprende a nadar y a cazar.

Oso polar adulto

El oso polar adulto puede vivir por sí mismo. Puede tener sus propias crías.

La magnífica
monarca

La mariposa monarca también tiene un ciclo de vida. La mariposa hembra adulta pone un huevo diminuto. El huevo es tan pequeño que apenas se ve. En esta fotografía se ve de cerca un huevo.

1 el huevo

▶ **Observa el ciclo de vida de una mariposa. Anota las cuatro etapas por las que pasa a medida que crece y cambia.**

_____

_____

2 la larva

Una **larva** diminuta, u oruga, sale del huevo. La oruga es la cría de una mariposa. La larva come mucho y crece rápidamente.

Después, la larva deja de comer y de moverse. La larva se transforma en crisálida y se le forma una cáscara dura.

La **crisálida** pasa por muchos cambios dentro de la cáscara. Le crecen alas.

3 la crisálida

4 la mariposa adulta

Finalmente, una mariposa adulta sale de la cáscara. Ahora, podrá tener sus propias crías.

Lectura con propósito

Las palabras clave te ayudan a determinar el orden de los sucesos. Dibuja una casilla alrededor de las palabras clave **después** y **finalmente**.

Resúmelo

1 Márcalo

Marca con una X el animal que no se parece a su cría.

2 Dibújalo

Haz un dibujo de la madre de este animal.

3 Resuélvelo

Responde a la adivinanza.

Ahora soy pequeñito. Pero pronto creceré y cambiaré, y un gato adulto seré. ¿Sabes qué soy? _____

4 Piénsalo

Un , ¿se parece

más a un  , a un

 o a una  ?

¿Por qué?

Nombre _____

Juego de palabras

Completa el crucigrama con estas palabras.

| renacuajo | crisálida | larva | reproducir | ciclo |

Horizontales

1 La etapa que viene después del huevo en el ciclo de vida de una mariposa

3 La etapa entre ser larva y ser adulta, en el ciclo de vida de una mariposa

4 Cría de rana que vive en el agua

Verticales

2 Crear más seres vivos de la misma especie

5 Todas las etapas de la vida de un animal que forman su _____ de vida.

369

Aplica los conceptos

Compara el ciclo de vida de una mariposa con el ciclo de vida de un oso polar. Anota en qué se diferencian.

Ciclos de vida

Mariposa	Oso polar
La mariposa nace de un huevo.	_____ _____
_____ _____	El osezno polar se alimenta de la leche de su madre.
_____ _____	El osezno polar se parece mucho a sus padres.
La larva de mariposa no se queda con sus padres.	_____ _____

Para la casa

En familia: Hable con su niño sobre los ciclos de vida. Observen y anoten el ciclo de vida de una gallina, una rana o un pez.

Pregúntale a un guardián de zoológico

¿Qué hace un guardián de zoológico?

Alimento a los animales. Les doy agua y me aseguro de que estén saludables. También mantengo sus medio ambientes limpios.

¿Cómo sabe que un animal está enfermo?

Los animales no saben decirme que no se sienten bien. Por eso los observo detenidamente. A veces, un animal come o se mueve muy poco. Esa puede ser la señal de que un animal está enfermo.

¿Qué más hace un guardián de zoológico?

Hablo con la gente acerca del zoológico y de los animales. Me divierto hablando con los niños. ¡A ellos les encantan los animales!

¡Es tu turno!

▶ **Describe lo que hace un guardián de zoológico.**

_____

_____

371

¡Ahora te toca ser guardián de zoológico!

▶ Un cachorrito de tigre nació en tu zoológico. Planea cómo cuidarlo.

Mi plan como guardián de zoológico

1 Voy a _____

_____.

2 Voy a _____

_____.

3 Voy a _____

_____.

Repaso de vocabulario

Completa las oraciones con los términos de la casilla.

adaptación
larva
ciclo de vida

TEKS 1.10D

1. Los cambios que le ocurren a un animal durante su vida forman su

   _____.

TEKS 1.10A

2. Las branquias son una _____ que les permite a los peces tomar aire del agua.

TEKS 1.10D

3. Una mariposa pasa su etapa de _____ como oruga.

Conceptos de ciencias

Rellena la burbuja con la letra de la mejor respuesta.

TEKS 1.10D

4. ¿En qué se parece el ciclo de vida de una rana al ciclo de vida de una tortuga?

   Ⓐ Ambos animales nacen de un huevo.

   Ⓑ Ambos animales tienen caparazón.

   Ⓒ Ambos animales se parecen a sus padres cuando nacen.

TEKS 1.10D

5. Ves una mariposa que vuela. ¿En qué parte de su ciclo de vida está la mariposa?

   Ⓐ adulto

   Ⓑ huevo

   Ⓒ larva

6. ¿Qué puedes saber si observas los dientes del león?

Ⓐ Come carne.

Ⓑ Come hierba.

Ⓒ Come semillas.

7. ¿Qué parte del cuerpo usa un conejo para moverse?

Ⓐ dientes planos

Ⓑ piernas fuertes

Ⓒ pelaje abrigado

8. ¿Para qué le sirven las rayas a la cebra?

Ⓐ para correr

Ⓑ para esconderse

Ⓒ para permanecer caliente

9. ¿Qué animal se parece a sus padres cuando nace?

Ⓐ la mariposa

Ⓑ la rana

Ⓒ el oso polar

TEKS 1.10A

10. ¿Por qué las focas necesitan una capa gruesa de grasa corporal?

Ⓐ para mantenerse calientes

Ⓑ para moverse

Ⓒ para esconderse

TEKS 1.10C

11. ¿En qué se parecen una cría de pato y la pata madre? Compáralas.

Ⓐ Ambos tienen pelos y usan las patas para caminar.

Ⓑ Ambos tienen plumas y usan las alas para volar.

Ⓒ Ambos tienen escamas y usan aletas para nadar.

TEKS 1.10D

12. ¿Cuál de estos animales nace de un huevo?

Ⓐ

Ⓑ

Ⓒ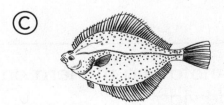

Investigación y La gran idea

Escribe las respuestas de las preguntas.

TEKS 1.10A

13. Observa comer al animal.

a. ¿Qué tipo de dientes crees que tiene el animal?

_____

b. ¿Por qué crees que es así?

_____

_____

TEKS 1.2D, 1.10C, 1.10D

14. Observa los animales.
Piensa en sus ciclos de vida.

a. Anota una manera en la que se parecen sus ciclos
de vida.

_____

_____

b. Anota una manera en la que se diferencian sus ciclos
de vida.

_____

_____

Las plantas

La gran idea

Las plantas tienen partes que les sirven para crecer y cambiar. Hay muchos tipos de plantas.

TEKS 1.2A, 1.2B, 1.2D, 1.3A, 1.3C, 1.4A, 1.4B, 1.10B

uvas que crecen en una vid

Me pregunto por qué

Las hojas de la planta necesitan agua, luz y aire. ¿Por qué?
Da vuelta a la página para descubrirlo.

Por esta razón Las hojas usan el agua, la luz y el aire para producir alimento.

En esta unidad vas a aprender más sobre La gran idea, y a desarrollar las preguntas esenciales y las actividades del Rotafolio de investigación.

Niveles de investigación ■ Dirigida ■ Guiada ■ Independiente

Comprueba tu progreso

La gran idea Las plantas tienen partes que les sirven para crecer y cambiar. Hay muchos tipos de plantas.

Preguntas esenciales

Lección 1 ¿Cuáles son las partes de las plantas? 379
Rotafolio de investigación pág. 48 ¿Son parecidas todas las semillas?/¿Qué partes ves?

🔵 **Personajes en las ciencias: Dra. Norma Alcantar** 389

Lección 2 ¿En qué se diferencian las plantas? 391
Rotafolio de investigación pág. 49 Colección de hojas calcadas/ Flores fantásticas

Investigación de la Lección 3
¿Cómo comparamos las hojas? 401
Rotafolio de investigación pág. 50 ¿Cómo comparamos las hojas?

S.T.E.M. Ingeniería y tecnología: Hay que calentarlo 403
Rotafolio de investigación pág. 51 Diséñalo: Un invernadero

Repaso de la Unidad 10 405

⭕ ¡Ya entiendo La gran idea!

Cuaderno de ciencias

No olvides escribir lo que piensas sobre la Pregunta esencial antes de estudiar cada lección.

© Houghton Mifflin Harcourt Publishing Company (t) ©Peter Arnold, Inc./Alamy; (border) ©ND1er/Age Fotostock (inset) ©Gary Holscher/AgStock Images/Corbis

Pregunta esencial

¿Cuáles son las partes de las plantas?

Ponte a pensar

Halla la respuesta a la pregunta en la lección.

¿Qué parte del árbol lo mantiene en su lugar?

sus _____

Lectura con propósito

Vocabulario de la lección

❶ Ojea la lección.

❷ Escribe aquí los 6 términos de vocabulario.

_____   _____

_____   _____

_____   _____

Estructura de la planta

La planta tiene partes que le permiten crecer y cambiar.

Echar raíces

Las plantas tienen raíces que crecen dentro del suelo. Las **raíces** son la parte de la planta que la mantiene en su lugar. Las raíces absorben el agua y otras cosas que la planta necesita del suelo.

Lectura con propósito

Un detalle es un hecho acerca de una idea principal. Subraya un detalle. Dibuja una flecha hasta la idea principal a la que se refiere.

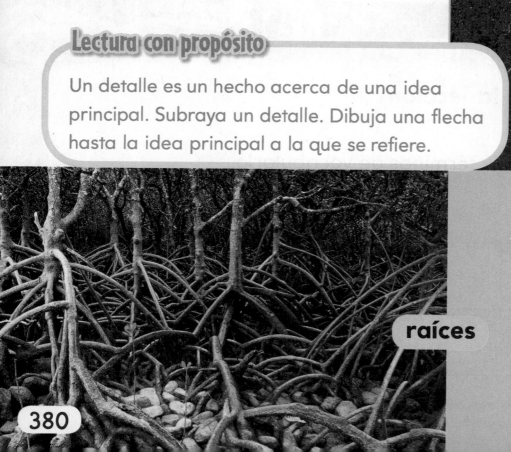

raíces

Los tallos se ponen de pie

El **tallo** sostiene a la planta. Lleva el agua desde las raíces hasta otras partes de la planta.

El tallo de una flor es fino y blando. El tallo de un árbol es grueso y leñoso.

tallos

▶**Identifica las raíces y los tallos en estas páginas. Encierra en un círculo las raíces. Encierra en una casilla los tallos. Luego compara cómo son similares y diferentes.**

_____

_____

381

Hojas en acción

La **hoja** es la parte de la planta que produce su alimento. Las hojas producen alimento con la ayuda de la luz, el aire y el agua.

Lectura con propósito

Halla la oración que dice el significado de **hoja**. Luego subraya la oración.

Las hojas pueden tener formas y tamaños distintos.

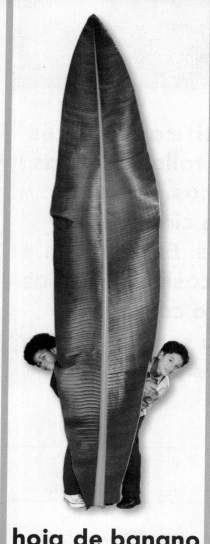

hoja de banano

agujas de pino

trébol

fresno

arce rojo

Flores, semillas y frutos

La mayoría de las plantas tienen flores. La **flor** es la parte de la planta que produce semillas. De la **semilla** crece una nueva planta. Y cada planta nueva se parece a la planta que produjo la semilla.

Hay muchas flores que se convierten en frutos. El **fruto** es la parte de la planta que contiene las semillas.

fruto

flores

semilla

▶ **Identifica las partes de las plantas. Encierra las hojas en un círculo. Marca con una X las flores y los frutos. Luego compara cómo son similares y diferentes.**

_____

_____

El poder de las plantas

Las plantas sirven de alimento, pero también para hacer cosas. Las hojas de menta se usan en la pasta de dientes. De las flores salen perfumes que huelen muy bien. Y los tallos leñosos nos sirven para construir casas. Incluso usamos plantas para hacer medicinas. ¿Qué otros usos de las plantas conoces?

Práctica matemática

Resuelve el problema

Mira los tomates y úsalos para resolver este problema.

Un granjero tiene 24 tomates.
Cosecha 11 tomates.
¿Cuántos tomates le quedan?

_____ – _____ = _____

① Elígelo

Identifica la parte de la planta que absorbe agua. Encíerrala en un círculo.

② Resuélvelo

Resuelve las adivinanzas.

Salgo grueso o fino.
Puedo ser grande
o pequeño.
A la planta llevo el agua
y la sostengo.

        ¿Qué soy?

_____

Vengo de muchos colores,
tamaños y formas.
Yo tomo la luz y el aire
para que la planta coma.
Al final me caigo al suelo
y ya no me muevo.

        ¿Qué soy?

_____

Ejercita tu mente

Lección **1**

Nombre _____

Juego de palabras

Identifica las partes de la planta. Usa las palabras para rotular la planta.

flor	hoja	raíz	tallo

_____

_____

_____

_____

Aplica los conceptos

Escribe cuáles son las partes que necesita esta planta.

Problema	Solución
① Necesito la parte de la planta que contiene semillas. ¿Qué parte necesito?	————
② Necesito la parte de la planta que absorbe agua. ¿Qué parte necesito?	————
③ Necesito la parte de la planta que produce frutas. ¿Qué parte necesito?	————
④ Necesito la parte de la planta que produce alimento. ¿Qué parte necesito?	————
⑤ Necesito la parte de la planta que me sostiene. ¿Qué parte necesito?	————
⑥ Necesito una parte de la planta para hacer otras plantas iguales a mí. ¿Qué parte necesito?	————

Para la casa

En familia: Anime a su niño a identificar y comparar las partes de una planta. Ayúdele a nombrar las plantas que se comen y se usan en casa.

Conoce a la...
Dra. Norma Alcantar

La Dra. Norma Alcantar estudia los materiales para luego hacerlos más útiles. La Dra. Alcantar quería hallar un modo de limpiar el agua.

Ella se enteró de que en algunos pueblos de México limpiaban el agua con plantas de cactus nopal. Estas plantas tienen una materia pegajosa en su interior. Así que se puso a estudiar esta materia y logró limpiar el agua con ella.

Dato curioso

La Dra. Alcantar aprendió de su abuela el uso de esta clase de cactus.

¡Límpiala!

▶ **Responde las preguntas sobre el trabajo de la Dra. Alcantar.**

1

Describe qué hace la Dra. Alcantar.

_____

_____

_____

2

¿De dónde tomó la idea de usar el cactus nopal en sus estudios?

_____

_____

3

¿Por qué es importante el trabajo de la Dra. Alcantar?

_____

_____

4

¿Qué parte del cactus usa la Dra. Alcantar para obtener agua limpia?

_____

Pregunta esencial

En qué se diferencian las plantas?

Ponte a pensar

Halla la respuesta a la pregunta en la lección.

¿En qué se parece esta planta a algunos animales?

_____

_____ .

Lectura con propósito

Vocabulario de la lección

❶ Ojea la lección.

❷ Escribe aquí los 2 términos de vocabulario.

_____ _____

¿Es una planta?

Las plantas son seres vivos, como los animales. Pero las plantas también son diferentes de los animales.

Las plantas no se pueden mover como lo hacen los animales. Se quedan en un solo lugar. Las plantas verdes necesitan luz, agua y aire para producir su propio alimento. Los animales comen plantas u otros animales.

Lectura con propósito

Al comparar las cosas, sabes en qué se parecen. Dibuja un triángulo alrededor de las dos cosas que se están comparando.

Plantas y animales

▶ **Completa la tabla para decir en qué se diferencian las plantas de los animales.**

	Plantas	Animales
producen su propio alimento		
comen plantas o animales		
se desplazan por sus propios medios		
crecen y cambian		

La venus atrapamoscas es una planta extraña. Mueve sus hojas para atrapar insectos y arañas. Luego se come lo que atrapa.

¡Cuántas plantas!

¿Cómo se distinguen las plantas? Puedes comparar sus partes. Tienen hojas diferentes. Tienen diferentes formas. Pueden ser grandes o también pequeñas.

Unas plantas tienen tallos blandos y finos. Otras tienen tallos gruesos y leñosos.

Árboles

- alto
- tronco leñoso
- muchas ramas
- hojas diferentes
- de larga vida

roble

Arbustos

- más bajos que los árboles
- tallos más pequeños y leñosos
- ramas más pequeñas
- hojas diferentes
- de larga vida

boj

Pastos

- plantas pequeñas
- tallos blandos
- hojas largas y finas
- de vida más corta

pastos decorativos

▶ **Compara las partes de las plantas. Encierra en un círculo los nombres de las plantas que tienen tallos leñosos. Subraya el nombre de la planta que tiene tallos blandos.**

Plantas con flores

La mayoría de las plantas tienen flores. Las **flores** son la parte de la planta que produce las semillas. Las flores pueden crecer en plantas pequeñas. También crecen en los arbustos y en los árboles. ¿Dónde has visto flores?

hibisco

▶ **Identifica la parte de la planta que produce las semillas.**

_____

Plantas con piñas

Hay plantas que tienen piñas. Las **piñas** son la parte que contiene las semillas de la planta. Crecen en ciertos árboles. ¿Has visto piñas en algún lugar?

Lectura con propósito

Un detalle es un hecho acerca de una idea principal. Subraya un detalle. Dibuja una flecha hasta la idea principal a la que se refiere.

piña de pino

pino

Resúmelo

① Enciérralo en un círculo

Encierra en un círculo la planta que tiene piñas.

② Elígelo

Encierra en un círculo el grupo de palabras que hablen de un animal.

come plantas o animales

produce su propio alimento

crece y cambia

se desplaza por sus propios medios

③ Resuélvelo

Resuelve la adivinanza.

Hay seres vivos que vuelan.
Otros que corren o nadan.
Yo casi siempre estoy quieta.
Porque me tienen plantada.
¿Qué soy? _____

Nombre _____

Juego de palabras

Colorea las letras para formar las palabras de vocabulario. Completa las oraciones con esas palabras.

c	t	a	p	i	ñ	a
f	l	o	r	e	n	i
t	a	g	l	d	e	u
e	a	r	b	o	l	z
w	a	x	r	v	y	n
a	r	b	u	s	t	o
q	s	e	r	d	t	G

flor	arbusto
piña	árbol

1 Una planta alta de tallo leñoso es un _____ .

2 De un árbol sin flores puede salir una _____ .

3 La _____ produce semillas.

4 Si la planta es más pequeña que un árbol es un _____ .

Completa el diagrama para mostrar en qué se parecen y en qué se diferencian las plantas y los animales.

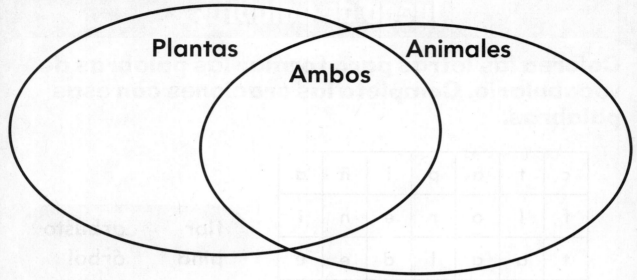

Plantas   **Ambos**   **Animales**

1. Compara los tallos de las plantas. ¿En qué se diferencian?

_____

_____

2. Escribe 1, 2 y 3 para ordenar las plantas por tamaño. Comienza por la planta más pequeña.

____ árbol   ____ pasto   ____ arbusto

Para la casa

En familia: Salga de paseo con su niño por el vecindario. Pídale que compare las plantas y las distintas partes que tienen.

TEKS **1.2A** haga preguntas acerca de organismos, objetos y eventos observados en la naturaleza **1.2B** planifique y lleve a cabo investigaciones descriptivas simples, tales como la manera en que los objetos se mueven **1.2D** anote y organice la información usando dibujos, números y palabras **1.4A** reúna, anote y compare información usando instrumentos, incluyendo... instrumentos de medición no usuales, como clips y pinzas de ropa... **1.4B** mida y compare los organismos y los objetos usando unidades no usuales **1.10B** identifique y compare las partes de las plantas

Nombre_____

Pregunta esencial

¿Cómo comparamos las hojas?

Establece un propósito
Di lo que quieres descubrir.

_____

_____

Piensa en el procedimiento

❶ ¿Por qué mides cada hoja?

_____

❷ ¿Cómo compararás las hojas según su tamaño?

_____

_____

Anota tus datos

Anota la longitud de cada hoja. Luego encierra en un círculo la hoja más corta. Marca con una X la hoja más larga.

Tablas de hojas

Hoja 1	Hoja 2	Hoja 3
Aproximadamente _____ clips de largo	Aproximadamente _____ clips de largo	Aproximadamente _____ clips de largo
aproximadamente _____ pinzas de ropa de largo	aproximadamente _____ pinzas de ropa de largo	aproximadamente _____ pinzas de ropa de largo

Saca tus conclusiones

Compara las mediciones. ¿Fueron distintas? ¿Por qué?

_____

_____

Haz más preguntas

¿Qué otras preguntas podrías hacer sobre comparar hojas?

_____

Hay que calentarlo

Comparemos los invernaderos

Los invernaderos están hechos de vidrio o plástico. El vidrio y el plástico dejan que la luz pase. Y al mismo tiempo mantienen el calor en el interior. La luz y el calor permiten que las plantas crezcan. Pueden cultivarse distintas plantas al mismo tiempo.

invernadero de interiores

invernadero de exteriores

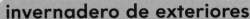

- solo necesitan un espacio pequeño
- solo para plantas pequeñas
- se mantiene caliente durante el invierno

- necesita un espacio grande
- para plantas pequeñas y grandes
- necesita calefacción durante el invierno

¿Qué invernadero?

Lee el problema de abajo.
Luego responde las preguntas.

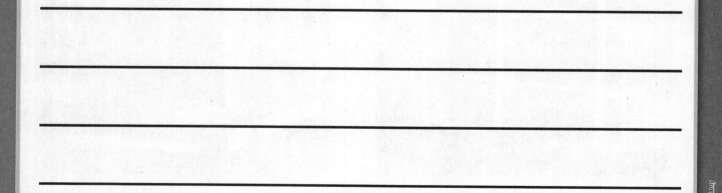

Quieres cultivar una planta grande y tienes mucho espacio en el exterior. El tiempo no está muy frío. ¿Qué invernadero elegirías? ¿Por qué?

_____

_____

_____

_____

Parte de la base

Diseña tu propio invernadero de interiores. Completa **Diséñalo: Un invernadero** en el Rotafolio de investigación.

Repaso de vocabulario
Completa las oraciones con los términos de la casilla.

hoja
raíces
semilla

TEKS 1.10B

1. Una planta nueva puede crecer de una

_____.

TEKS 1.10B

2. Una planta se mantiene en su lugar
   gracias a sus

_____.

TEKS 1.10B

3. La parte de la planta que produce
   alimento es la _____.

Conceptos de ciencias
Rellena la burbuja con la letra de la mejor respuesta.

TEKS 1.10B

4. Trey compara una
   manzana y una piña de
   pino. ¿En qué se parecen?
   Ⓐ Ambas son frutas.
   Ⓑ Ambas contienen
      semillas.
   Ⓒ Ambas crecen del
      mismo tipo de árbol.

TEKS 1.2B, 1.10B

5. Umi planea una
   investigación. Quiere
   plantar algo que viva
   mucho tiempo pero que
   no crezca mucho. ¿Cuál
   de estas plantas debe
   plantar?
   Ⓐ césped
   Ⓑ arbusto
   Ⓒ árbol

TEKS 1.10B

6. Pavil ordenó hojas. Esta ilustración muestra un grupo.

¿Qué opción describe **mejor** cómo ordenó las hojas?

Ⓐ según su tamaño

Ⓑ según su forma

Ⓒ según su número de puntas

TEKS 1.10B

7. ¿Cuál de estas partes de la planta puede identificarse como tallo?

Ⓐ manzana

Ⓑ tronco de árbol

Ⓒ aguja de pino

TEKS 1.10B

8. ¿Cuál de estas es una forma en la que se parecen todas las plantas?

Ⓐ Tienen flores.

Ⓑ Crecen mucho y tienen tallos gruesos.

Ⓒ Producen su propio alimento.

TEKS 1.10B

9. ¿Qué parte de la planta muestra el número 3?

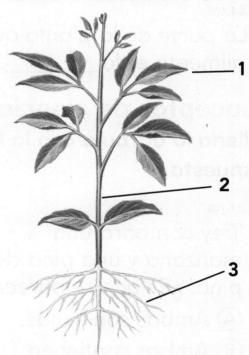

Ⓐ la hoja

Ⓑ el tallo

Ⓒ las raíces

TEKS 1.2D, 1.10B

10. Alex compara árboles, arbustos y césped. Anota sus observaciones. ¿Qué oración indica en qué se parecen los tres?

Ⓐ Crecen y cambian.

Ⓑ No pueden producir su propio alimento.

Ⓒ Pueden moverse por su cuenta.

TEKS 1.10B

11. Sara identifica partes de la planta. ¿Qué tipo de tallo tienen los arbustos?

Ⓐ tallos verdes

Ⓑ tallos blandos

Ⓒ tallos leñosos

TEKS 1.10B

12. Lee estos pasos de cómo obtiene y usa agua una planta.

1. Las raíces absorben agua del suelo.

2. _____?_____

3. Las hojas usan agua para producir alimento.

¿Qué paso falta?

Ⓐ La planta crece más.

Ⓑ Las flores se convierten en frutos.

Ⓒ El agua pasa a través del tallo hacia todas las hojas.

Investigación y La gran idea
Escribe las respuestas de las preguntas.

TEKS 1.10B

13. Explica qué hace cada una de estas partes de la planta.

a. flores

_____

b. frutos

_____

c. semillas

_____

TEKS 1.10B

14. Observa las ilustraciones. Compara el tallo del árbol y el tallo del césped.

a. ¿En qué se diferencian?

_____

_____

b. ¿En qué se parecen?

_____

© Houghton Mifflin Harcourt Publishing Company

Glosario interactivo

Este Glosario interactivo te servirá para aprender a escribir los términos del vocabulario. Cada término está acompañado de su definición y una ilustración con la que podrás comprender mejor lo que significa el término.

Cuando veas la flecha **Ahora tú** escribe la definición en tus propias palabras o haz tu propia ilustración para recordar lo que significa el término.

A

adaptación Una parte del cuerpo o un comportamiento que ayuda a que el organismo vivo sobreviva. (pág. 342)

Ahora tú

arcilla Pedacitos de roca. La arcilla contiene tan bien el agua que se pone pegajosa. (pág. 193)

arena Pedacitos grandes de roca. No contiene bien el agua. (pág. 193)

Glosario interactivo

arroyo Cuerpo pequeño de agua corriente. (pág. 204)

atraer Halar hacia sí mismo. (pág. 138)

aumentar Hacer que algo se vea más grande. Un telescopio aumenta el tamaño de la Luna. (pág. 278)

cadena alimenticia Recorrido que muestra cómo pasa la energía de las plantas a los animales. (pág. 322)

Ahora tú

calor Energía que calienta las cosas. El calor pasa de las cosas calientes a las cosas frías. (pág. 125)

cieno Pedacitos medianos de roca. Retiene el agua bastante bien. (pág. 193)

ciclo de vida Cambios que ocurren a un animal o una planta durante su vida. (pág. 361)

condensarse Cambiar de estado gaseoso a estado líquido. (pág. 111)

Ahora tú

Glosario interactivo

congelarse Significa cambiar de líquido a sólido. (pág. 106)

conservación Manera de proteger los recursos y los materiales. (pág. 220)

creado por el hombre Materiales hechos por las personas. (pág. 72)

Ahora tú

crisálida Parte del ciclo de vida en que la oruga se convierte en mariposa. (pág. 367)

D

derretirse Cambiar de sólido a líquido. (pág. 108)

destrezas de investigación Destrezas que te sirven para descubrir información. (pág. 14)

Bosque de las Hojas Caídas

observar

comparar

E

electricidad Una forma de energía. La electricidad se produce utilizando energía de otras fuentes. (pág. 128)

empujar Mover un objeto para alejarlo de ti. (pág. 158)

Ahora tú

Glosario interactivo

energía Algo que causa que la materia se mueva o cambie. El calor y la luz son tipos de energía. (pág. 124)

estado del tiempo Condición en que se encuentra el aire libre. (pág. 236)

estación del año Época del año que tiene un estado del tiempo determinado. Las cuatro estaciones son primavera, verano, otoño e invierno. (pág. 254)

estrella Objeto en el cielo que emite su propia luz. El Sol es la estrella más cercana a la Tierra. (pág. 274)

Ahora tú

evaporarse Cambiar de líquido a gas. (pág. 110)

F

flor Parte de la planta que produce las semillas. (págs. 383, 396)

fases Las formas de la Luna que ves cuando se mueve. (pág. 289)

Ahora tú

fruto Parte de la planta que contiene las semillas. (pág. 383)

fuerza Lo que hace que un objeto se mueva o se detenga. (pág. 158)

Glosario interactivo

H

halar Mover un objeto hacia ti. (pág. 158)

hoja Parte de la planta que produce su alimento. Las hojas producen alimento con la luz, el agua y el aire. (pág. 382)

I

imán Objeto que atrae cosas de hierro o acero. Un imán puede repeler o atraer otros imanes. (pág. 136)

Ahora tú

ingeniero Persona que aplica las matemáticas y las ciencias para resolver problemas. (pág. 54)

L

instrumentos científicos
Instrumentos que se usan para hallar información. (pág. 26)

Ahora tú

lago **Cuerpo de agua dulce rodeado completamente por tierra.** (pág. 205)

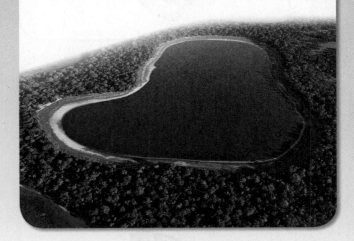

larva **Otro nombre para la oruga.** (pág. 367)

investigación **La prueba que hacen los científicos.** (pág. 36)

Glosario interactivo

Luna Gran esfera o bola de roca en el cielo. (pág. 276)

luz Tipo de energía que nos permite ver. (pág. 125)

manga de viento Instrumento que sirve para mostrar la dirección del viento. (pág. 240)

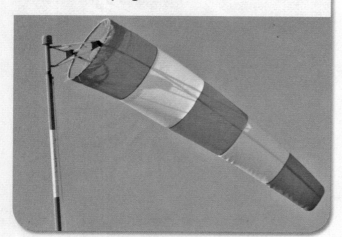

materia Cualquier cosa que ocupa espacio. (pág. 90)

Ahora tú

materiales Elementos de que están hechos los objetos. (pág. 70)

movimiento Acción de moverse. Cuando algo se mueve, está en movimiento. (pág. 146)

Ahora tú

medio ambiente Todos los seres vivos y objetos inertes que están en un lugar. (págs. 310, 316)

natural Los materiales naturales se encuentran en la naturaleza. (pág. 72)

Glosario interactivo

O

objetos inertes Cosas que no tienen vida. No necesitan alimento, ni aire, ni agua. No crecen ni cambian. (pág. 308)

océano Cuerpo grande de agua salada. (pág. 206)

Ahora tú

P

patrón del estado del tiempo Cambio que se repite en el estado del tiempo. (pág. 254)

peso La medida de lo pesado que se siente un objeto. (pág. 94)

piña (de árbol) Parte que contiene semillas en las plantas sin flores. (pág. 397)

polo Parte del imán donde la atracción es mayor. (pág. 137)

Ahora tú

polución Desperdicios que le hacen daño a la tierra, al agua y al aire. (pág. 218)

proceso de diseño Plan con los pasos que siguen los ingenieros para hallar buenas soluciones. (pág. 55)

Glosario interactivo

producto Algo hecho por el hombre o las máquinas para que se use. (pág. 179)

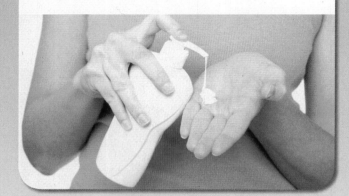

propiedad Parte que nos explica cómo es algo. El color, el tamaño, la textura y la forma son propiedades. (págs. 92, 194)

raíces Parte de la planta que la mantiene en su lugar. Las raíces absorben agua y nutrientes. (pág. 380)

Ahora tú

rapidez Medida que muestra qué tan rápido se mueve algo. (pág. 146)

reciclar Usar los materiales de las cosas viejas para hacer cosas nuevas. (pág. 222)

reducir Usar menos cantidad de un recurso. (pág. 222)

recurso natural Cualquier cosa de la naturaleza que puedan usar las personas. (pág. 178)

Ahora tú

refugio Lugar donde un animal está seguro. (pág. 316)

renacuajo Rana joven que nace de un huevo. Tiene branquias para tomar oxígeno del agua. (pág. 362)

Glosario interactivo

repeler Alejarse de algo. (pág. 140)

Ahora tú

reutilizar Volver a usar un recurso. (pág. 222)

reproducirse Producir nuevos seres vivos del mismo tipo que uno es. (págs. 306, 360)

río Cuerpo grande de agua corriente. (pág. 204)

roca Objeto duro que proviene de la tierra. (pág. 182)

sentidos Son la manera en que conoces el mundo. Los cinco sentidos son la vista, el oído, el olfato, el gusto y el tacto. (pág. 4)

Ahora tú

S

semilla Parte de la planta de donde crecen plantas nuevas. (pág. 383)

seres vivos Seres que tienen vida. Las personas, los animales y las plantas son seres vivos porque necesitan alimento, agua, aire y espacio para vivir. Crecen, cambian y se reproducen. (pág. 306)

Glosario interactivo

Sol La estrella más cercana a la Tierra. (pág. 274)

suelo Está compuesto por pedacitos de roca y seres que alguna vez estuvieron vivos. Es la capa superior de la Tierra. (págs. 183, 190)

Ahora tú

sombra Lugar oscuro que se produce donde un objeto bloquea la luz. (pág. 287)

T

sonido Tipo de energía que se puede escuchar. (pág. 125)

tallo Parte que sostiene a la planta. (pág. 381)

telescopio Instrumento que aumenta el tamaño con que se ven los objetos del cielo. (pág. 278)

termómetro Instrumento que se usa para medir la temperatura. (pág. 27)

Ahora tú

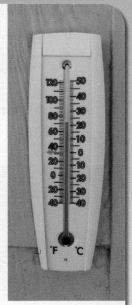

temperatura Medida que muestra qué tan caliente o frío está algo. (págs. 95, 238)

textura Cómo se siente un objeto al tacto. (pág. 92)

Glosario interactivo

viento Aire que se mueve. (pág. 236)

Ahora tú →

A

acuario, 1
adaptaciones, 342
  animales, 341–349
  movimiento de los
    animales, 344–345
  para alimentarse,
    346–347
  para esconderse
    (camuflaje), 348–349
agua dulce, 204–205
agua salada (océano),
  206–207, 317
agua, 203–211
  agua salada, 206–207,
    317
  como energía, 209
  como recurso natural,
    179
  condensación, 111
  congelamiento, 106–107,
    233–234
  derretimiento, 108–109
  dique, producción de
    energía, 130
  dulce, 204–205
  en forma de lluvia,
    nieve, aguanieve
    y granizo
    (precipitación), 239
  evaporación, 110
  mantenerla limpia, 209
  para beberla, 208
  para las plantas, 209
  polución en, 218–219
  seguridad, 210–211
  usos de, 208–209

aire. *Ver también* **viento**
  como recurso natural,
    178
  polución en, 218–219
alas, 345
Alcantar, Norma,
  389–390
aletas, 345
alimento y comer,
  346–347
Anderson Mary, 45–46
anfibios
  rana, 344, 349, 362–363
  renacuajo, 362–363
  sapo, 323
animales. *Ver también*
  **anfibios, aves, peces y
  animales del océano,
  insectos**
  adaptaciones, 341–349
  ardilla, 259
  bisonte, 321
  caballo, 325, 346
  cambios estacionales,
    255, 257
  ciclos de vida, 359–367
  como recurso natural,
    180–181
  conejillo de indias, 325
  dientes, 346
  diferencias entre,
    341–349
  elefante, 343
  en el bosque tropical, 318
  en el desierto, 319
  en el océano, 317
  en la cadena
  alimenticia, 322–323
  en la tundra, 320

gatito, 360
gato, 360
guepardo, 344–345
invierno, 260–261
león, 346
leopardo, 318
liebre del desierto, 319
liebre, 257, 261, 319
mascotas, 324–325
mono, 344
morsa, 342
movimiento de, 344–345
necesidades de
  seguridad de,
  333–334
necesidades de, 316–325
oso polar, 364–365
otoño, 258–259
perro de la pradera, 321
plantas y, 392–393
primavera, 254–255
refugio, como necesidad
  básica, 316
reproducción, 360–361
reptiles, 319–361
tigre, 349
ciervo, 303–304
verano, 256–257
Zorro del ártico, 320
zorro, 316
Anotar datos, 12, 24,
  40–41, 66, 80, 104, 156,
  200, 202, 248, 296, 332,
  354, 402,
árboles
  cambios estacionales,
    255–261
  descripción, 394
  invierno, 260–261

Índice

otoño, 258–259
pino, 397
primavera, 254–255
roble, 394
verano, 256–257
arbustos, 395
arcilla, 193
arena, 193
arquitectos, 81
arroyos, 204
atracción, imanes,
138–139
atraer, 138
aumentar, 278
aves
alas, 345
halcón de cola roja, 321
búho, 349
cambios estacionales,
255
cardenal, 347
carpintero, 347
espátula, 339–340
huevos de gallina, 361
pico, 346–347
plumas, 349
avión meteorológico, 265

B

Bacon–Bercey, June, 251
balanza (instrumento), 27
bicicletas, 68–69
bluyines, 74–75
bosque tropical, 318
branquias, 343, 362

C

cacahuates, 187–188
cadenas alimenticias,
322–323
caliente, 95
calor, 125
calentar la materia,
108–109, 110
como energía, 126–127
campo de golf
miniatura, 121–122
Carver, George
Washington, 187–188
casa, electricidad en,
128–129
castillo de arena, 87–88
Causa y efecto, 114, 168
cerca, 162
ciclos de vida, 359–367.
Ver también **huevos,**
reproducción
de anfibios, 362–363
de animales, 359–367
de insectos, 360,
366–367
cielo. *Ver también* **estado**
del tiempo
cambios en, 285–291
de día, 274–275
de noche, 276–279
día nuboso, 290–291
fases de la Luna,
288–289
mañana, mediodía,
tarde, 286–287

noche estrellada,
290–291
objetos en, 271–279
sombras, 286–287
telescopios, 278–279
cielo de día, 274–275
cielo de noche, 276–278
ciencias, seguridad en,
xxiii–xxiv
cieno, 193
científico de polímeros,
101–102
científicos
cómo trabajan, 35–41
pensar como un
científico, 36–41
cinta de medir, 27
clasificar, 16, 73
color
como propiedad de la
materia, 93
de las hojas, 382
del suelo, 195
para esconderse
(camuflaje), 348–349
comparar, 14
comunicar
en el proceso de diseño,
55, 61
investigación científica,
16
condensación, 111
condensar, 111
congelar, 106–107,
233–234
construir, en el proceso
de diseño, 55, 58–59
crisálida, 367

D

derretimiento, 108–109

derretir, 108

desierto, 319

Destrezas de investigación, 13–19

anotar datos, 12, 24, 40–41, 66, 80, 104, 156, 200, 202, 248, 296, 332, 354, 402

establecer un propósito, 11, 23, 65, 79, 103, 155, 199, 201, 247, 295, 331, 353, 401

hacer más preguntas, 12, 24, 66, 80, 104, 156, 200, 202, 248, 296, 332, 354, 402

pensar en el procedimiento, 11, 23, 65, 79, 103, 155, 199, 201, 247, 295, 331, 353, 401

sacar conclusiones, 12, 18, 24, 39, 66, 80, 104, 156, 200, 202, 248, 296, 332, 354, 402

destrezas de investigación, 14

Destrezas de lectura, 3, 4, 13, 14, 25, 26, 28, 35, 36, 38, 40, 53, 54, 58, 67, 68, 70, 74, 89, 90, 92, 105, 106, 111, 123, 124, 128, 135, 136, 140, 145, 149, 157, 159, 162, 177, 178, 182, 190, 192, 194, 203, 206, 208, 217, 218, 222, 235, 236, 238, 253, 254, 258, 273–274, 276, 285, 286, 305, 308, 310, 315, 316, 321, 341, 342, 346, 359, 363, 367, 379, 380, 382, 391, 392, 397

Detalles. *Ver* **Idea principal y detalles**

día nuboso, 290–291

diente, de un animal, 346

dique, para producir energía, 130

diseño de un rascador de espalda, 56–61

E

electricidad, 128–129

empujar, 157, 158–159

energía solar, 131

energía, 124

electricidad en casa, 128–129

que nos rodea, 126–127

tipos de, 130–131

usos, 123–131

enfriar la materia, 106–107, 111

esconderse (camuflaje), como adaptación, 348–349

escuchar, 6

espacio. *Ver* **la Tierra, Luna (de la Tierra), estrella, Sol**

Establece un propósito, 11, 23, 65, 79, 103, 155, 199, 201, 247, 295, 331, 353, 401

estación meteorológica, 243

estaciones del año, 253–261

invierno, 260–261

otoño, 258–259

primavera, 254–255

verano, 256–257

estado del tiempo, 233–245. *Ver también* **estaciones del año**

lluvia, nieve, aguanieve y granizo, 239

medir y anotar, 238–239

observar, 236–237

pluviómetro, 239

predecir, 242–243

temperatura, 238

viento, 240–241

estrella, 274, 277

evaporación, 110

evaporar, 110

examinar

en el proceso de diseño, 55, 60

investigación científica, 38

F

fases, 289

de la Luna, 288–289

flores, 383–396

Índice

forma
como propiedad de la materia, 92
de las hojas, 382
para esconderse (camuflaje), 348–349
formular una hipótesis, 17, 37
frío, 95
fruta, 383
fuerza, 158
cambio de posición de un objeto, 162–163
gravedad, 165
halar o empujar, 157, 158–159
movimiento y, 145–149, 157–165
rapidez, 146, 160–161
usos, 160–163

Galileo Galilei, 283–284
gases, 110, 111
globo meteorológico, 243
grasa del cuerpo, para mantener el calor, 342–343
gravedad, 165
guardabosque, 329–330
guardián de zoológico, 371–372
gusto, 7

Hacer más preguntas, 12, 24, 66, 80, 104, 156, 200, 202, 248, 296, 332, 354, 402
hacer un modelo, 19
halar, 157, 158-159
helado, 233–234
hoja (hojas), 382
huevos
ciclos de vida, 361
gallina, 361
mariposa monarca, 366
peces, 361
rana, 362
reptiles, 361
tortuga, 361
hundir, objetos que se hunden, 96–97
Idea principal y detalles, 4, 38, 40, 68, 90, 136, 140, 162, 178, 206, 208, 236, 258, 274, 276, 286, 288, 346, 397

imanes, 136
atrae o repele, 138–141
mover objetos con, 135–141
polos de, 137, 139, 141–141
repulsión, 140–141
inferir, 18
Ingeniería y tecnología. *Ver también* STEM (Science, Technology, Engineering, and Mathematics)
aviones, 169–170
cocina y cocinar, 115–116
granjas, 357–358
hábitat de un animal, 333–334
ingenieros, 51–61
instrumentos meteorológicos, 265–266
invernaderos, 403–404
linternas, 297–298
ingenieros, 54
¿cómo trabajan los ingenieros?, 51–61
como solucionadores de problemas, 54–55
insectos
grillo, 323
insecto palito, 341
mariposa monarca, 360, 366–367
oruga, 367
instrumentos
instrumentos científicos, 25–31
instrumentos de cocina, 115–116
instrumentos meteorológicos, 240–243, 265–266
telescopios, 278–279
instrumentos para cocinar, 115–116
instrumentos de ciencias, 25–31
para explorar, 26–27
para medir, 27, 28–30

invernaderos, 403–404
investigación. *Ver* investigación científica
investigación científica, 13–19. *Ver también* **Destrezas de investigación**
clasificar y comunicar, 16
formular una hipótesis y planear, 17, 37
hacer un modelo y seguir una secuencia, 19
hacer una prueba, 38
inferir, 18
observar y comparar, 14, 36, 40
predecir y medir, 15
sacar conclusiones, 18, 39
investigaciones, 36
invierno, 260–261

Kearns, Robert, 46

lagos, 205
larva, 367
Lectura con propósito. *Ver* **Destrezas de lectura**, 342
lejos, 162
limpiaparabrisas de un automóvil, 45–46
linternas, 297–298

limpieza de una playa, 175–176
líquidos
condensación, 111
congelamiento, 106–107, 233–234
derretimiento, 108–109
evaporación, 110
liviano, 94
longitud, medición, 31
luego, como palabra clave, 58
luminosa (energía), 125, 126–127
Luna (de la Tierra), 276
como objeto en el cielo, 271–272
fases de, 288–289
lupa, 26
luz, 125

mañana, 286
manga de viento, 240
materia, 90. *Ver también* **líquidos, objetos**
calentamiento, 108–109, 110
cambios en, 105–111
enfriamiento, 106–107, 111
estados de, 105–111
gases, 110, 111
propiedades de, 89–97
sólidos, 106–109
materiales, 70. *Ver también* **recursos naturales**

materiales creados por el hombre, 72–73
diarios, 74–75
naturales, 72–73, 389
objetos, 67–75
materiales de uso diario, 74–75
materiales naturales, 72–73, 389
medición
de longitud, 31
de temperatura, 27, 103–104
del estado del tiempo, 238–243, 265–266
del viento, 241
instrumentos de, 27, 28–30
investigación científica, 15
unidades de, 29
medio ambiente, 310, 316
adaptaciones, 341–349
bosque tropical, 318
desierto, 319
objetos inertes en, 308–311, 316
océano, 206–207, 317
pradera, 321
seres vivos en, 310–311, 315–325
tundra, 320
mediodía, 286–287
mejorar, en el proceso de diseño, 55, 60
mejorar el diseño, en el proceso de diseño, 55, 61

Índice

montaña rusa, 164–165
movimiento
    de animales, 344–345
    fases de la Luna,
      288–289
movimiento en círculo,
    149
movimiento en línea
    recta, 148
movimiento en zigzag,
    148
movimiento hacia
    delante y hacia atrás,
    149–163
movimiento, 146
    de objetos, 145–149
    fuerza y, 145–149,
      157–165
    rapidez, 146, 160–161
    tipos de, 148–149

N

Newton, Isaac, 153–154
noche estrellada,
    290
normas de seguridad en
    las ciencias, adentro,
    xxiii
normas de seguridad en
    las ciencias, afuera,
    xxiv
nubes, 274

O

objetos inertes, 308–311,
    316
objetos, 67–75. *Ver
    también* materiales
    cambiar el movimiento
      de, 157–165
    composición de, 72–75
    la fuerza cambia la
      posición, 162–163
    mover con imanes,
      135–141
    movimiento de, 135–141,
      145–149, 157–165
    partes de, 68–71
    propiedades de, 89–97
observar
    investigación científica,
      14, 36, 40
    propiedades de los
      objetos, 89–97
océanos, 206, 206–207,
    317. *Ver también* peces
    y animales del océano
oler, 7
órbita, fases de la Luna,
    288–289
ordenar. *Ver* secuencia
otoño, 258–259

P

Palabras clave, 36, 58
pastos, 395
patio de juegos, 51–52

patrón del estado del
    tiempo, 254
peces y animales del
    océano
    aletas, 345
    branquias, 343
    caballito de mar, 1, 2,
      348
    huevos, 361
    medusa, 317
Personajes en las
    ciencias
    Alcantar, Norma,
      389–390
    Anderson, Mary, 45–46
    Bacon–Bercey, June, 251
    Carver, George
      Washington, 187–188
    Galileo Galilei, 283–284
    Newton, Isaac, 153–154
    Tsui, Eugene, 81–82
pesado, 94
peso, 94
picos, 346–347
piensa como un
    científico, 36–41
Piensa en el
    procedimiento, 11, 23,
    65, 79, 103, 155, 199,
    201, 247, 295, 331, 353,
    401
piñas de árbol, 397
planear
    en el proceso de diseño,
      55, 58–59
    una investigación, 17, 37

plantas, 391–397. *Ver también* **árboles**
agujas de pino, 382
animales y, 392–393
árbol de Josué, 319
árbol, 381
arbustos, 395
arce rojo, 382
boj, 395
caléndula, 380
cambios estacionales, 254–261
como recursos naturales, 180–181
diente de león, 381
en el desierto, 319
en el océano, 317
en la cadena alimenticia, 322
en la pradera, 321
flor de hibiscus, 396
flores cónicas, 321
flores del ártico, 320
flores, 383
fresno, 382
fruta, 383
hoja (hojas), 382
hoja de banano, 382
invierno, 260–261
kelp, 317
otoño, 258–259
partes de, 380–383
pasto, 322, 395
pastos decorativos, 395
primavera, 254–255
raíces, 380
semillas, 383
tallos, 381

tipos de, 394–397
trébol, 382
usos de, 384–385
venus atrapamoscas, 391, 393
verano, 256–257
vid, 377–378
plumas, 349
pluviómetro, 239
polos, magnéticos, 137, 139, 141
polución, 218
en la tierra, el agua y el aire, 218–219
reducir, reutilizar, reciclar, 222–225
soluciones a, 220–221
Por qué es importante, 30–31, 74–75, 96–97, 164–165, 210–211, 224–225, 242–243, 278–279, 324–325, 384–385
posición, cambio debido a la fuerza, 162–163
Práctica matemática
comparar cuerpos geométricos, 277
comparar números, 242–243
hacer una gráfica de barras, 147
medir longitud, 31
ordenar según el peso, 94
representar fracciones, 207
resolver un problema de planteo, 225, 347

resolver un problema, 131. 325, 385
pradera, 321
predecir el estado del tiempo, 242–243
predecir, 15
primavera, 254, 255
primero, como palabra clave, 36
problema
en el proceso de diseño, 55, 56–57
resolver un problema en matemáticas, 225, 325
proceso de diseño, 55–61
busca un problema, 55, 56–57
comunica, 55, 61
examina y mejora, 55, 60
modifica el diseño, 55, 61
planea y construye, 55, 58–59
producto, 179
Profesiones en las ciencias
científico de polímeros, 101–102
guardabosque, 329–330
guardián de zoológico, 371–372
propiedad, 92–194
propiedades de la materia, 89–97
pulmones, 363

Índice

R

raíces, 380
rapidez, 146
  cambio, 146, 160–161
receta de galletas con chispas de chocolate, 115
reciclar, 222–225
recursos naturales, 175–183
  agua, 179
  ahorrar, 217–225
  aire, 178
  plantas y animales, 180–181
  polución, 217–221
  reducir, reutilizar, reciclar, 222–225
  rocas, 182
  suelo, 183
reducir, 222–223
refugio, 316
regla, 27
renacuajo, 362–363
repeler, imanes, 140, 141
reproducción, 306, 311
  de animales, 360–361
reproducir, 306, 360
reptiles
  huevos de tortuga, 361
  monstruo de Gila, 319
reutilizar, 222–225
ríos, 204

roca, 182
  como recurso natural, 182
  en el suelo, 190–191, 193, 195

S

Saca conclusiones, 12, 18, 24, 39, 66, 80, 104, 156, 200, 202, 248, 296, 332, 354, 402
satélite meteorológico, 242, 265
secuencia, 19, 74, 94, 367
seguridad
  agua, 210–211
  en las ciencias, xiii–xxiv
semillas, 383, 397
sentidos, 3–7
  aprender con, 6–7
  partes del cuerpo, 4–5
seres vivos en el suelo que alguna vez estuvieron vivos, 190–193, 195
seres vivos, 306. *Ver también* **animales, plantas**
Sol, 274
  luz solar en la cadena alimenticia, 322
  mañana, mediodía, tarde, 287
  para producir energía, 131
  sombras, 286–287

sólidos
  congelamiento, 106–107, 233–234
  derretimiento, 108–109
solucionadores de problemas, ingenieros como, 54–55
sombras, 286–287
sonido, 125, 126–127
STEM (Science, Technology, Engineering, and Mathematics)
  El saber del estado del tiempo: Los instrumentos, 265–266
  En la granja: Sistema de granja, 357–358
  Hay que calentarlo: Comparemos los invernaderos, 403–404
  La tecnología y el medio ambiente: Las represas, 215-216
  Mira la luz: Vamos a comparar linternas, 297–298
  Tecnología en la cocina: Instrumentos para cocinar, 115–116
  Un lugar para los animales: Cómo mantener protegidos a los animales, 333–334

© Houghton Mifflin Harcourt Publishing Company

Volar al cielo: El primer vuelo, 169–170
suelo, 183, 190
  como recurso natural, 183
  composición del, 190–195
  formación del, 191
  propiedades del, 194–195

tacto, 6
tallos, 381
tamaño
  como propiedad de la materia, 92
  de las hojas, 382
tarde, 286
taza de medir, 27
tecnología para predecir el estado del tiempo, 242–243
telescopios, 278–279
temperatura, 95, 238
  caliente o frío, 95
  congelamiento, 106–107, 233–234
  derretimiento, 108–109
  medir, 27, 103–104, 238
termómetro, 27, 238, 265
textura, 92
  como propiedad de la materia, 92, 93
  del suelo, 195

Tierra
  fases de la Luna, 288–289
  movimiento de, 286–287
tierra, polución de, 218–219
Tsui, Eugene, 81–82
tundra, 320

vapor de agua, 110–111
veleta, 241
veleta, 265
ver (vista), 7
verano, 256–257
viento, 236
  granjas eólicas, 178
  observar y medir, 240–241
  para producir energía, 131
vista, 7

Wright, Wilbur and Orville, 169